Christoph Häselbarth

Enttäuscht oder erfüllt leben?

W0083722

Verlag G. Bernard
D-Solingen

Josua Dienst
Strittmatt

© März 2011 Verlag Gottfried Bernard

Dieses Buch ist eine Koproduktion von

Verlag Gottfried Bernard
Heidstraße 2a
42719 Solingen
E-Mail: verlag.gottfriedbernard@t-online.de
Internet: www.gbernard.de

und

Josua-Dienst e. V.
Strittmatt 49
79733 Görwihl
E-Mail: josua-dienst@t-online.de
Internet: www.josua-dienst.de

Alle Bibelzitate stammen aus der Revidierten Elberfelder Bibel von 2006,
es sei denn, sie sind anderweitig gekennzeichnet.

ISBN 978-3-941714-13-7
Best. Nr. 175513

Lektorat: Timo Braun
Grafik: Tina Gerteiser, Waldshut, www.designTiger.de
Bildquelle: Missionswerk Karlsruhe
Satz: Satz & Medien Wieser, Stolberg
Druck: Schönbach Druck, Erzhausen

Inhalt

Widmung

Dieses Büchlein, das zu einem erfüllten Lebensstil ermutigen möchte, wurde von mir in meinem eher konservativen Schreibstil geschrieben.

Einer unserer geistlichen Söhne, Timo Braun, hat es auf einen gut lesbaren Stil unserer Zeit umformuliert, ohne die ermutigenden Glaubensaussagen zu schmälern. Timo, das hast du sehr gut gemacht, ich bin stolz auf dich!

Ich glaube, du wirst noch viele, richtig wertvolle Bücher schreiben.

Sei geehrt und vielmals bedankt.

Christoph Häselbarth

1. Resigniert

Sie sitzen in einer christlichen Veranstaltung. Alle sind glücklich und lachen, nur an Ihnen scheint der Segen vorübergegangen zu sein. Sie fühlen nichts. Ihr Part beschränkt sich aufs Zuschauen. Sie versuchen etwas von dem Segen abzukriegen, aber da will nichts ankommen bei Ihnen. Oder aber Sie wollen es nicht einmal mehr. Ihr Trost sind abgeklärte Gedanken wie: „Wartet ihr mal nur, bis euch der Alltag einholt." Und immer schwingt das tragisch-süffisante Empfinden mit: Das kenne ich doch alles schon.

Wenn Sie dieses Buch lesen, brauchen Sie eine Menge Mut; insbesondere dann, wenn Sie zu denjenigen gehören, die „das alles schon kennen". Sie werden so manches lesen, was Ihnen bekannt vorkommt. Sie werden versucht sein, es beiseite zu legen mit dem Kommentar: „Schon probiert. Hat nicht geklappt." Und doch glaube ich, dass der Heilige Geist Ihnen bekannte Wahrheiten so vermitteln kann, als seien sie völlig neu. Vielleicht gehören Sie auch zu denen, die vieles oder alles zum ersten Mal hören. Dann werden Sie dennoch Mut benötigen. Sie werden vermeintliche Risiken eingehen müssen.

Wenn ich Sie zum Beispiel frage: „Wie sieht Ihrer Vorstellung nach ein erfülltes, sorgloses, tief zufriedenstellendes Leben aus?", wie würden Sie reagieren? Vielleicht denken Sie: „Ich brauche gar nicht darüber nachzugrübeln, die Realität ist nun mal eine andere. Man sollte keine Enttäuschung heraufbeschwören." Das wäre eine Reaktion, die das Risiko scheut. Vielleicht aber fangen Sie auch zu träumen an und sagen sich: „Viel Zeit zu haben, ja, das wäre wunderbar! Ich möchte tiefe Begegnungen haben mit Menschen, die mich lieben und die mich wirklich verstehen. Ich würde gerne leben können und nicht immer nur die Erwartungen anderer erfüllen müssen. Ein Leben ohne Druck und Zwang, das wär's!" Möglicherweise träumen Sie von Bergtouren, von Fjorden, Inseln, Segelabenteuern oder von Wildlife-Safaris. Oder Sie denken an Kunstreisen und musikalische Genüsse, die Sie alles vergessen lassen. Vielleicht sagen Sie auch: „Ich wäre schon froh, wenn ich meinen Alltag gut in den Griff bekäme und meine riesige Sorgenlast los wäre. Das wäre für mich schon mehr, als ich zu träumen wage."

Auf einmal machen sich Ihre Vorstellungen selbstständig und Sie fragen sich, ob das wirklich gesund ist. Schließlich hat ein Christ nichts zu fordern, nichts zu wünschen – vor allem keine irdischen Dinge! Christsein ist Leben auf Sparflamme. Der Herr will uns erziehen! Und meist nimmt er uns genau die Dinge weg, die wir besonders mögen! So denken wir doch häufig.

An dieser Stelle wird Sie dieses Buch provozieren. Es geht sogar noch ein Stück weiter: Ich werde Ihnen nicht nur ein zutiefst glückliches Leben vor Augen malen, sondern ich werde auch vehement behaupten, dass jedem Kind Gottes ein solches Leben zur Verfügung steht. Das mag Sie verärgern oder wenigstens skeptisch machen. Aber zunächst soll es mir genügen, wenn Sie dennoch beschließen, das Buch weiterzulesen.

Was das obige Gedankenspiel angeht, würde ich Sie zu einem weiteren Schritt einladen: Wie wäre es, wenn Sie Ihre verborgenen Wünsche und Sehnsüchte einmal vor Gott persönlich aussprechen? Immerhin kennt er Sie, er ist Ihr Schöpfer und er weiß, was Ihnen gut tut.

Wenn Sie dann mit Gott ins Gespräch kommen – vermutlich in Form eines Gebets – werden Sie sich als nächstes fragen, wie Gott wohl auf diese Wünsche reagiert. Je ehrlicher Sie sind, umso spannender ist das natürlich. Was Gott wohl dazu sagt, wenn Sie ihm mitteilen, dass sich Ihr Christsein irgendwie trocken anfühlt, vielleicht sogar langweilig? Wenn Sie ihn fragen, ob es nicht auch etwas spannender und begeisternder geht? Und was wird Gott denken, wenn er erfährt, dass Sie viele fromme Übungen als wirkungslose Anstrengung erleben? Dass Sie gerne Heilungswunder erleben wollen, aber eigentlich nichts mehr erwarten?

Ich kann Ihnen das nicht beantworten – fragen Sie Gott. Aber ich kann Ihnen den Charakter Gottes aufzeigen, wie er sich mir in der Bibel erschließt – und wie ich ihn selbst erleben durfte. Überraschenderweise hat das sehr viel mit Ihnen zu tun. Wer Gott studiert, studiert auch sich selbst. Je mehr ich Gott studiere, umso mehr entdecke ich sein Interesse an mir. Und ich entdecke seine Freude daran, wenn es *mir* gut geht. Ich entdecke, dass meine herrlichsten Träume noch weit hinter dem liegen, was Gott mir von sich aus anbietet. Ja, ich entdecke auch, wie viel ich bisher verpasst habe.

Und so kann man es durchaus umgekehrt sehen: Wenn es stimmt, dass Gott ein erfülltes Leben für uns bereithält, ist es dann nicht pure Dummheit, die uns einen Bogen um dieses Thema machen lässt (eine Dummheit, die wir gerne „Vernunft" nennen)? Wer über seine innersten Wünsche nachdenkt und sie mit Gott bespricht, geht doch ein viel geringeres Risiko ein als jemand, der seine Erwartungen begräbt. Und wer ein solches Buch liest, stellt womöglich nur sicher, dass ihm nichts entgeht.

Ich lade Sie herzlich ein. Ich lade Sie ein zu einer Erkundungstour durch das Vaterherz Gottes, durch sein überreiches himmlisches Sortiment, durch Planungsräume, in denen es vor Ideen, Visionen und kreativen Lösungen nur so wimmelt. Sie werden Wege kennenlernen, wie Sie göttliche Geschenke erkennen und empfangen können. Sie werden wohl auch die Blockaden sehen, die Sie von diesen Geschenken abhalten. Aber Sie werden ebenso Möglichkeiten kennenlernen, die Blockaden zu überwinden.

Vor allem aber soll diese Reise eines bewirken: Ein erfülltes Leben soll für Sie keine bloße Vorstellung, sondern eine baldige Realität werden.

2. Gott will!

Früher verbrachten wir als Familie unseren Urlaub in teuren, sterilen Hotels. Es war das Leben, das ich so attraktiv wie möglich zu gestalten versuchte. Dann lernten wir Gott kennen. Unser Leben veränderte sich grundlegend. Sie glauben sicher, dass schöne Urlaube von nun an nicht mehr dazugehörten. Von wegen! Heute werden wir von christlichen Freunden in die tollsten Gegenden eingeladen. Wir dürfen in Villen wohnen, die an herrlichen Seen liegen, oder wir verbringen ein paar Tage in Chalets in den Bergen. Mehr als je zuvor genießen wir unsere Urlaube!

Kann es sein, dass wir uns tief im Innern häufig fragen, ob Gott es wirklich gut mit uns meint? Kann es sein, dass wir in uns Gedanken tragen wie: „Gott hat mich schon von meiner Schuld befreit und für die Ewigkeit gerettet. Es wäre unverfroren, noch mehr von ihm zu erwarten." Und so empfinden wir den Gedanken an ein glückliches und freudiges Leben womöglich als Anmaßung. Schließlich haben wir es ja eigentlich nicht verdient …

Solche Gedanken gehen prinzipiell von einem selbstbezogenen Standpunkt aus: nämlich dass *wir* definieren, wie Gott in unserem Leben wirken darf. Wir machen unser eigenes Gerechtigkeitsempfinden zum Maßstab, nicht Gottes Herz.

Wiederum andere würden formulieren: „Ich glaube, dass Gott mir ein erfülltes Leben schenken *kann*. Aber ich überlasse es ihm, ob er es dann tatsächlich tut." Auf den ersten Blick scheint das weise und respektvoll gegenüber der Souveränität Gottes zu sein. Auf den zweiten Blick erkennt man, dass es für eine solche Aussage nicht allzu viel Glauben braucht. Wenn wir nämlich von einem allmächtigen Gott ausgehen, dann ist es selbstverständlich, dass er *kann*. Man geht also kein Risiko ein, wenn man bei einem bestimmten Problem behauptet, Gott könne es lösen. Herausgefordert sind wir erst dann, wenn wir davon ausgehen, dass Gott das Problem auch lösen *will*. Dann brauchen wir den Glauben, dass seine Zusagen in der Bibel ernst gemeint sind. Wir müssen ihm vertrauen, dass er nicht gelogen hat, als er jedem seiner Kinder ein erfülltes Leben verheißen hat.

Hat er das wirklich?

Mit Jesus haben wir das volle Leben

Lassen Sie uns doch einmal Gott fragen, was er auf dem Herzen hat. Jesus hat dazu eine interessante Erklärung abgeliefert:

> *Der Dieb kommt nur, um zu stehlen, zu töten und zu verderben; ich bin gekommen, damit sie das Leben haben und es im Überfluss haben.*
>
> *Johannes 10,10*

Jesus drückt hier nicht eine theologische Idee aus, sondern einen Herzenswunsch: uns überfließendes Leben zu schenken. Er sagt sogar, dass er genau deswegen gekommen sei. Nicht bloß um uns vor der Hölle zu bewahren, nicht um Mitarbeiter für sein Reich zu gewinnen. Nein, seine Mission auf Erden hatte das eine Ziel, uns mit seinem göttlichen Leben zu durchfluten. Jesus selbst demonstrierte es uns. Sein Leben zeigt uns, was es bedeutet, „überzufließen", „erfüllt" zu sein.

> *Denn in ihm wohnt die ganze Fülle der Gottheit leibhaftig; und ihr seid in ihm zur Fülle gebracht. Er ist das Haupt jeder Gewalt und jeder Macht.*
> *Kolosser 2,9-10*

Und Jesus hat uns nicht nur die Fülle gezeigt, sondern er möchte in uns wohnen, uns also ganz mit sich erfüllen. Wir sollen sein Wesen in uns tragen und ihm immer ähnlicher werden. Daraus ergibt sich, dass auch *wir* gänzlich von seinem göttlichen Leben erfüllt sind. Man könnte auch sagen:

> *Und ihr habt an dieser Fülle teil, weil ihr mit Christus verbunden seid.*
> *Kolosser 2,10 (NGÜ)*

Welch ein Angebot! Wenn wir nur wollen, können wir dieses erfüllende Leben Jesu ergreifen und tagaus, tagein darin leben. Jesus hat größtes Interesse daran, dass Freude, Reichtum, Freiheit, Zufriedenheit und viele andere göttliche Geschenke ein Bestandteil unseres Alltags werden.

Wir müssen uns klarmachen: Er will sich in uns verherrlichen und seine Kraft in uns hineingeben. Er will uns neue Erkenntnisse mitteilen und uns in bisher verschlossene Räume hineinführen. Er will.

Nicht nur Sie haben sich entschieden, Jesus als Herrn anzunehmen. Auch Gott hat damals eine Entscheidung getroffen – für Sie. Seitdem Sie Ihr Herz geöffnet haben, wohnen Jesus und der Vater in Ihnen. Die göttliche, übernatürliche Welt ist nichts Unerreichbares mehr für Sie. Vielmehr sind Sie ein Teil dieser göttlichen Welt geworden und können darauf zugreifen. Das war es, was Jesus erreichen wollte, als er auf die Erde kam.

An ihm liegt es nicht. Es liegt an Ihnen.

Wie Gott es eigentlich geplant hat

Gott hat uns in jeder Hinsicht reich gemacht. Das gilt für alle unsere Lebensbereiche:

> *Aber wie ihr in allem reich seid, im Glauben, im Wort, in der Erkenntnis und in allem Eifer sowie in der Liebe, die ihr zu uns habt, so möge auch dieses Liebeswerk bei euch reichlich ausfallen!*
> *2. Korinther 8,7*

Das ist das Leben, das Gott eigentlich für uns geplant hat. Es ist begeisternd und attraktiv, es zieht andere Menschen an und wirkt sich auf unser Umfeld aus. Es lässt neue Beziehungen entstehen, bewirkt Heilungen, weckt Lebensvisionen.

Für uns steht eine Menge bereit. Alle Segnungen des Himmels sind für uns verfügbar:

> *Gepriesen sei der Gott und Vater unseres Herrn Jesus Christus, der uns gesegnet hat mit jedem geistlichen Segen in den himmlischen Regionen in Christus, wie er uns in ihm auserwählt hat vor Grundlegung der Welt, damit wir heilig und tadellos vor ihm seien in Liebe. Er hat uns vor-*

herbestimmt zur Sohnschaft für sich selbst durch
Jesus Christus, nach dem Wohlgefallen seines
Willens, zum Lob der Herrlichkeit seiner Gnade,
mit der er uns begnadigt hat in dem Geliebten.

Epheser 1,3-6

Schalten Sie Ihren Empfänger ein, um zu verstehen, wie groß Gott denkt. Nur wenn wir große Erwartungen an ihn haben, kommen wir ansatzweise den Plänen Gottes für unser Leben näher. Nehmen wir doch eine veränderte Perspektive ein: Anstatt die großartigen Heilungen zu bewundern, die Gott durch Benny Hinn bewirkt, sollten wir erwarten, dass Gott auch durch uns schlimme Krankheiten heilen wird. Anstatt uns an erdichteten Liebesromanzen zu sättigen, sollten wir glauben, dass durch Jesus die beglückendste und abenteuerlichste Liebe hier und jetzt für uns zur Verfügung steht. Lassen Sie uns niemals die Pläne Gottes kleiner machen als sie wirklich sind!

Ein riesengroßes Geschenk

Das Leben in Fülle ist ein Geschenk Gottes. Wir haben nichts dafür geleistet. „Aus seiner Fülle haben wir alle genommen Gnade um Gnade" – also Geschenk um Geschenk (Johannes 1,16 LUT). Welcher Junge käme auf die Idee, seiner Mutter vorzuschreiben, ihm ja nicht zu viele Weihnachtsgeschenke zu kaufen? Welches Kind würde sagen: „Mama, mit einem zu großen Geschenk wäre ich überfordert. Ich bin bescheiden und gebe mich mit einem kleinen Päckchen zufrieden." Und wie traurig wäre dann die Mutter, die bereits ein Riesenpaket gekauft hat und sich schon auf den Moment freut, wenn der Junge es auspackt?

Aber so sind wir teilweise geprägt. Gott bietet uns das Riesenpaket an und unsere erste Reaktion ist: „So etwas habe ich doch gar nicht verdient. Dazu müsste ich mich zunächst einmal so verhalten, dass Gott mit mir zufrieden ist. Ich muss viel in der Bibel lesen und viel beten, dann wird Gott vielleicht gnädig sein und einige meiner Gebete erhören."

Wie muss sich Gott bei solchen Aussagen fühlen? Er muss das Gefühl haben, dass wir ihm nicht trauen. Er muss sich missverstanden vorkommen. So, als hielten wir ihn für einen Heuchler, der große Versprechen macht, aber durch die Hintertür dann doch unerfüllbare Erwartungen an uns richtet.

Wie war das doch im Gleichnis vom verlorenen Sohn? Der junge Mann nahm das ganze Erbe des Vaters, verschwendete es und kam mit leeren Händen zurück. Doch statt Vorwürfen erwarteten ihn die offenen Arme des Vaters; statt Peitschenhieben ein wohliges Bad; statt kargem Brot ein triefendes Mastkalb. Das Leben in Fülle ist ein Leben im Reichtum der göttlichen Gnade:

> *Und aus seiner Fülle haben wir alle empfangen Gnade um Gnade.*
>
> *Johannes 1,16*

Oder erinnern Sie sich an Mefi-Boschet, den behinderten Sohn Jonathans? Er lebte ärmlich und im Verborgenen, obwohl er ein Prinz war. Er nannte sich selbst sogar einen „toten Hund". Doch David hatte mit seinem Vater Jonathan einen Bund der Freundschaft geschlossen.

Deshalb rief David eines Tages Mefi-Boschet in seinen Palast und ließ ihn zeitlebens an seiner Tafel essen, als wäre er ein Sohn des Hauses (vgl. 2. Samuel 9).

Wenn wir unter unseren Verhältnissen leben, so ist das nicht Bescheidenheit, sondern entweder Unwissenheit oder – noch schlimmer – Misstrauen gegenüber Gott.

Unser neuer Status

Vielleicht greift das Bild mit dem Geschenk noch etwas zu kurz. An Mefi-Boschet können wir erkennen, dass es nicht bloß darum geht, etwas zu bekommen. Vielmehr geht es darum, etwas zu *sein*. Der Unterschied ist bedeutsam: Gelegentlich ein Geschenk zu Weihnachten oder zum Geburtstag zu erhalten, ist ja ganz schön. Wie aber wäre es, jeden Tag Geburtstag zu haben?

Mefi-Boschet wurde nicht aus einer Laune heraus von David beschenkt. Er erhielt einen gänzlich neuen Lebensstandard, weil er einen fürstlichen Status hatte. David gab ihm also nur das, was ihm aufgrund des Bundes mit Jonathan zustand; jeden Tag, rund um die Uhr.

Schauen wir uns doch an, welchen Status wir als Kinder Gottes haben. Seit wir Jesus als unseren Herrn angenommen haben, sind wir errettet und erlöst. Wir sind nicht mehr arme Sünder, sondern Gerechte. Das bedeutet, dass wir vor Gottes Gericht nicht verurteilt werden, sondern Gnade erleben.

Viele Christen bleiben leider bei dieser Erkenntnis stehen. Sie übersehen, dass sie als Gerechte nicht nur freigesprochen sind, sondern auch freien Zugang zum Vater haben. Sie erkennen nicht, dass alle Schätze des

Himmels für sie bereit stehen, denn der Vater sagt zu uns: „Mein Kind, alles, was mein ist, das ist dein" (vgl. Lukas 15,31).

Durch Jesus in uns sind wir zu einer neuen Person geworden und wir haben eine neue Identität bekommen. Der Vater sieht die Vollkommenheit seines Sohnes in uns. Paulus betont diese Wirklichkeit Gottes:

> *Wenn ihr nun mit Christus auferweckt worden seid, so sucht das, was droben ist, wo der Christus ist, sitzend zur Rechten Gottes. Trachtet nach dem, was droben ist, nicht nach dem, was auf Erden ist.*
>
> Kolosser 3,1-2

Gott glaubt an Sie, er sieht Sie als Sieger und als Überwinder, denn Jesus lebt in Ihnen. Sicher haben Sie auch noch Schwächen; aber schauen Sie auf Ihren starken Gott und nicht auf Ihre Schwachpunkte:

> *Der Schwache spreche: Ich bin stark!*
>
> Joel 4,10

Schlechte Aussichten für den Teufel. Dagegen kann er nichts ausrichten. Er kann uns unseren Status nicht einfach absprechen. Seine einzige Möglichkeit besteht darin, uns von dieser folgenreichen Wahrheit abzulenken. Und das tut er permanent. Er versucht uns durch Lügen abzuhalten von dem erfüllenden Leben aus Jesus, das sich von unserem bisherigen Leben so sehr unterscheidet. Wir sind es gewohnt, uns von unseren Verletzungen und unserem Mangel, von Enttäuschungen, zerstörerischen Gewohnheiten, von den Anklagen im Herzen leiten zu lassen. Der Feind setzt alles daran, dass wir diese Gewohnheit beibehalten.

Aber eines kann er nicht: Er kann Sie nicht von einem erfüllten Leben abhalten, wenn *Sie* es wählen.

3. Was heißt „Fülle"?

Ich habe ein wenig vom „Leben in Fülle" gesprochen, doch so mancher wird sich fragen: „Was ist das überhaupt, die Fülle? Kann man sie näher definieren? Was gehört dazu und was nicht?" Wir haben es hier mit einem jener frommen Begriffe zu tun, die oft benutzt, aber selten verstanden werden. In der Tat klingt das Wort „Fülle" in unseren Ohren etwas altbacken und wenig präzise. Das liegt wohl in der Natur der Sache. Das Ausmaß der Fülle Gottes ist größer als alles, was wir uns vorstellen oder beschreiben können. Um Gottes Fülle zu erkennen, brauchen wir eine Offenbarung von Gott, die er uns auch sicher gewähren wird, wenn wir ihn nur fragen.

Andererseits ist diese Antwort natürlich wenig befriedigend. Wenn die Fülle Gottes wirklich etwas so Reales und Lebendiges ist wie ich behaupte, dann müsste sie sich doch wenigstens in Ansätzen beschreiben lassen. Das will ich versuchen. Freilich geht das nicht in Form einer systematischen Darlegung. Aber vielleicht kann ich ein paar subjektive Einblicke geben, wie die Fülle Gottes sich in unserem Leben konkret äußern kann.

Dem Mangel nicht mehr nachlaufen

Das Gegenteil von Fülle ist Mangel. Ein berühmter Philosoph entwickelte im letzten Jahrhundert die Theorie des Menschen als „Mängelwesen". Das heißt, alles

Handeln eines Menschen ergebe sich daraus, dass er gegen einen allgegenwärtigen Mangel ankämpfe.

Wenden wir diese Idee einmal auf unseren Alltag an. Ein typisches Bedürfnis des Menschen ist beispielsweise Erfolg. Wenn nun meine Abteilung in der Firma ihre Ziele verfehlt, macht sich das Gefühl von Erfolglosigkeit in mir breit. Womöglich ist mein Arbeitskollege schuld. Die Reaktion könnte sein, dass ich mich furchtbar über den Kollegen aufrege, ihn lieblos zurechtweise oder schlecht über ihn rede. All das sind Versuche, meinen Mangel an Erfolg auszugleichen.

Wenn mein Bankkonto am Ende des Monats in eine bedrohliche Lage gerät, kommt ein Mangel an Sicherheit auf; schließlich gehört Sicherheit zu unseren Grundbedürfnissen. Dann könnte meine Reaktion darin liegen, dass ich noch härter und verbissener arbeite, um mehr Geld zu verdienen und mir die ersehnte Sicherheit zu verschaffen.

Jeder Mensch hat ein Bedürfnis nach Anerkennung. Wenn mir Eltern oder Freunde zu selten bestätigen, dass ich von ihnen geschätzt werde, dann laufe ich diesem Mangel möglicherweise mein Leben lang hinterher. Ich versuche durch meine Gaben aufzufallen oder ich versuche besonders nett zu sein, um anerkennende Worte aus meinem Umfeld anzuziehen.

Bei mir war das nicht anders. Mein Vater starb sehr früh und von meiner Mutter bekam ich nur wenig Nähe, Zärtlichkeit und Bestätigung zu spüren. Ich versuchte diesen inneren Mangel zu stillen durch viel Leistung und das Bemühen, alles zu geben, um Anerkennung von Menschen zu bekommen. Ich arbeitete unermüdlich und tatsächlich konnte ich mich bald einen einflussreichen Projektleiter nennen.

Als ich während meiner Zeit als Auslandsprojekt-leiter über Sumatra flog, sprach eine innere Stimme (es war die Stimme Gottes) sehr deutlich zu mir: „Christoph, du lebst verkehrt. Ich möchte, dass du dein Leben änderst." Ich verstand damals nicht, was mit „Leben ändern" gemeint war. Einige Zeit später begegnete ich überzeugten Christen und ich übergab mein Leben Jesus.

Aber mein innerer Mangel war dadurch noch immer nicht gestillt. Es dauerte einige Zeit, da lernte ich den Pfarrer Geri Keller kennen. Ich suchte zunehmend seine Nähe, denn er hatte eine unglaublich väterliche Art und gab ständig Liebe, Bestätigung und Wertschätzung weiter. Bald erfuhr ich sein Geheimnis: Er kannte nicht nur Jesus, sondern er kannte und liebte den Vater im Himmel. Er war heimgekommen. Natürlich bat ich Jesus, mich ebenfalls zum Vater zu führen. Seither hat sich eine Menge verändert. Ein Heilungsprozess war in Gang gekommen und der Vater begann sich um jeden inneren Mangel zu kümmern, der mich all die Jahre angetrieben hatte.

In allen Bereichen unseres Lebens gibt es diese Mängel. In der Tat sind die meisten Menschen mit nichts anderem beschäftigt, als diese Mängel auszugleichen. Was für ein anstrengendes Leben! Und wie schön wäre doch die Vorstellung, dass jeder Mangel bereits getilgt ist und ich meine Kräfte für schönere Dinge einsetzen könnte, die Gott für mich geplant hat.

Nun, genau darin besteht die „Fülle". Sie ist wie ein riesiges Arsenal, aus dem ich zu jeder Zeit genau die Dinge nehmen kann, die ich gerade benötige. Brauchen Sie Anerkennung? In der Fülle Gottes ist sie reichlich vorhanden. Brauchen Sie Frieden? Gottes Fülle hält ihn bereit. Brauchen Sie Wärme? Davon gibt es jede Menge bei Gott.

Welch ungemeinen Vorteil hat ein Mensch, der aus der Fülle Gottes lebt! Die Liebe des Vaters füllt all seinen inneren und äußeren Mangel aus. Frieden und Barmherzigkeit werden zu seinen Wesensmerkmalen. Wo er sich früher mächtig geärgert hätte, kann er jetzt gelassen reagieren und vergeben. Wo er beim Blick aufs Bankkonto in Panik verfallen wäre, kann er gelassen reagieren.

Gott hat uns alle geistliche und emotionale Versorgung zugesagt. Ein Mensch, der das in Anspruch nimmt, kann sorgenfrei leben:

> *Mein Gott aber wird allen euren Mangel ausfüllen nach seinem Reichtum in Herrlichkeit in Christus Jesus.*
>
> *Philipper 4,19*

Wenn wir das Leben in Fülle und damit Gottes Wesen in uns aufgenommen haben, müssen wir nicht mehr nach den üblichen Konzepten dieser Welt leben. Wir haben es nicht mehr nötig, immer recht zu haben, besser zu sein als die anderen, negativ zu reden, zu rebellieren oder zu fordern. Wir müssen uns nicht mehr dafür abarbeiten, dass wir alles haben, was wir brauchen.

Das gibt uns die Freiheit, anderen Menschen zu dienen. Wir können ausgleichen und nachgeben, freundlich sein und Gutes reden, andere loben und ehren, Frieden bringen und noch vieles andere mehr.

Der Vater spricht Ihnen zu:

Ich will einen ewigen Bund mit ihnen schließen, dass ich nicht von ihnen ablassen will, ihnen wohlzutun. Und ich werde die Furcht vor mir in ihr Herz geben, damit sie nicht mehr von mir abweichen, und damit ich mich über sie freuen kann, ihnen wohlzutun.

Jeremia 32,40-41

Habe deine Lust am Herrn, so wird er dir geben, was dein Herz begehrt!

Psalm 37,4

Lassen Sie nicht länger zu, dass Ihre Gedanken um das kreisen, was Ihnen noch *fehlt*. Geben Sie Ihrem Denken eine neue Richtung: auf das, was Ihnen *gehört!*

Träume sind keine Schäume

Etwa als fünfjähriger Junge sagte ich zu mir und damals noch völlig unbewusst zu Gott: „Wenn ich groß bin, will ich viel Geld verdienen und die ganze Welt bereisen." Das mag sicherlich aus einem liebesbedürftigen Herzen gekommen sein. Es war wohl kein besonders reifer Wunsch. Dennoch hat Gott in seiner Güte den Lebenstraum des kleinen Jungen gehört und wahr gemacht. Ich bekam mit Ende zwanzig eine sehr gute Position, ich verdiente viel Geld und bereiste alle fünf Erdteile. Freilich durfte ich später erfahren, dass es noch mehr gab als die Erfüllung dieses Kindertraums. Ich lernte Jesus als meinen Erretter kennen und das von Jesus verheißene Leben in Fülle. Ich durfte nun sogar dem Herrn des Universums dienen und bekam Zugriff auf den größten nur vorstellbaren Reichtum. Gott hat meinen kindlichen und unreifen Traum nicht abgetan. Er hat ihn erfüllt und sogar noch vielfach erweitert.

Gibt es einen bestimmten Lebenstraum, den Sie in sich tragen? Möglicherweise hat ihn Gott in Sie hineingelegt. Wenn Ihnen nichts einfällt, fragen Sie sich doch einmal: „Wovon ist mein Herz begeistert? Was würde ich gerne in Gang setzen, wenn ich nur könnte?" Gott hat eine Vision für unser Leben und oft zeigt er uns diese durch unsere Wünsche.

Vielleicht halten Sie jetzt den Atem an und wagen gar nicht zu Ende zu denken – was Ihnen da vorschwebt, scheint zwei Nummern zu groß zu sein. Nun, das muss noch lange kein schlechtes Zeichen sein; es könnte genauso gut bedeuten, dass dieser Traum nicht Ihr eigenes Produkt ist, sondern von Gott kommt. Sein Reichtum ist so umfassend, dass er unsere gewohnten Kategorien sprengt. Gott möchte, dass dieser Reichtum auf der Welt sichtbar wird und dies tut er meistens durch uns, durch Menschen wie Sie und ich.

Beginnen Sie also zu „träumen". Entwickeln Sie eine große Sicht für Ihr Leben, eine Vision davon, was Sie noch alles erleben wollen: zum Beispiel die Bekehrung Ihrer ganzen Familie, vielleicht eine berufliche Chance, Aufbrüche in Ihrer Gemeinde … Erwarten Sie, dass Jesus sich dazu stellt und Ihre – bzw. seine – Gedanken Wirklichkeit werden lässt. Gott hält auf Ihrem Weg dorthin permanent Geschenke für Sie bereit: Erfolgserlebnisse, neue Beziehungen oder wertvolle Lektionen des Glaubens.

Nehmen Sie sich Elisa zum Vorbild, der sagte: „Elia, ich will deine Salbung haben, aber nicht nur deine Salbung, sondern das Doppelte davon" (vgl. 2. Könige 2,9).

Ganz schön unverschämt, meinen Sie nicht auch? Aber Elisa bekam, was er wollte – er vollbrachte doppelt so viele Wunder wie Elia.

Ein kinderloses Ehepaar ließ vor einiger Zeit für sich beten. Die Ärzte hatten ihm Unfruchtbarkeit bescheinigt. Innerhalb eines Monats wurde die Frau schwanger und bekam ein Kind. Der Traum dieses Paares von einer Familie wurde von Gott erfüllt trotz schlechtester Aussichten.

Vielleicht sagt der Herr zu Ihnen: „Mein Sohn / meine Tochter, ich will dich mit mehr beschenken. Bisher hattest du so kleine Erwartungen, du hast mir nicht viel zugetraut. Entferne diese Einschränkungen. Öffne in deinem Inneren mein Erfolgsprogramm. Glaube mir, dass ich als dein Vater dein weiteres Leben mit dir gemeinsam planen und dich sehr reich beschenken möchte! Erwarte und wünsche dir immer größere offene Türen, auch solche, die du dir eigentlich nicht vorstellen kannst. Ich bin ein schöpferischer Gott, der seine Kinder gerne beschenkt."

Leben Sie immer mit „Glaubensprojekten", denn Gott sagt:

Euch geschehe nach eurem Glauben!
Matthäus 9,29

Dir geschehe, wie du geglaubt hast!
Matthäus 8,13

Das ist sehr ermutigend. Aber vielleicht hören Sie in diesen Worten auch die Warnung. Die sollten wir nicht verschweigen. Lesen Sie einmal 4. Mose 13 und 14 und denken Sie ein wenig darüber nach. Was sagten die zehn ungläubigen Kundschafter? „Wir waren in unseren Augen wie Heuschrecken, und ebenso waren wir auch in ihren Augen!" Und das Volk reagierte entsprechend: „Ach, dass wir doch im Land Ägypten gestorben wären, oder noch in dieser Wüste sterben würden!" (4. Mose 13,33; 14,2).

Josua und Kaleb dagegen sagten (Vers 9): „Wir werden sie verschlingen wie Brot. Ihr Schutz ist von ihnen gewichen, mit uns aber ist der Herr; fürchtet euch nicht vor ihnen!"

Gottes Fazit:

> *So wahr ich lebe, spricht der Herr: Ich will genauso an euch handeln, wie ihr vor meinen Ohren geredet habt!*
>
> 4. Mose 14,28

Das ist eine starke Aussage. Uns wird genau das geschehen, was wir im Glauben vor Gott aussprechen. Positives wie Negatives. Wenn wir also nicht gemäß unserer Träume und Ziele reden, dann werden sie auch nicht eintreffen. Denken Sie bitte einmal darüber nach, was Sie alles tagaus, tagein im Laufe eines Jahres „vor den Ohren Gottes" aussprechen. Und dann betrachten Sie Ihr Leben. Könnte es sein, dass viele Ihrer Träume deshalb nie in Erfüllung gegangen sind, weil Sie innerlich bereits damit abgeschlossen haben?

Manchmal glauben wir, wir seien besonders gereift, wenn wir sogenannte „Luftschlösser" einreißen. Aber das ist nicht so harmlos wie es aussieht. Was, wenn wir aus purer Angst vor der Enttäuschung nicht ein Luftschloss, sondern die Vision Gottes für unser Leben niederreißen? Wir zerstören damit Gottes Werk.

Vielleicht ist es für Sie an der Zeit, Gott mit neuen Augen zu sehen. Er ist kein Sadist, der uns willen- und ideenlos macht. Gott will uns als Partner haben. Er möchte mit uns zusammen träumen und Ideen entwickeln. Er möchte unsere Zukunft mit uns kreativ planen, reifen lassen und entfalten. In seiner Fülle schlummern die größten Ideen, die die Welt je gesehen hat.

Gottes Autorität in unserem Leben

Es sollte nun nicht der Eindruck entstehen, all dies diene ausschließlich unserem eigenen Wohlergehen. Lebensträume und Herzenswünsche – das riecht ein bisschen nach Selbstverwirklichung. Die wird in unserer Gesellschaft nun wahrlich genug gepredigt. Nein, darum darf es nicht gehen.

Ich möchte Ihnen zeigen, dass ein Leben in der Fülle Gottes weit über die Idee der Selbstverwirklichung hinausgeht. Schließlich ist Selbstverwirklichung letztlich nichts anderes als eine Strategie, unseren Mangel zu stillen. Genau davon will uns Gott ja befreien. Er will uns frei machen von einer verengten Sicht der Welt, bei der alles nur auf unser Ego zugeschnitten ist. Sein Ziel ist es, uns einen weiten Blick zu geben: einen Blick für das Reich Gottes.

Wenn uns Gott also mit seiner Fülle beschenkt, dann tut er dies nicht zum Selbstzweck. Er tut es, damit wir in der Lage sind, anderen Menschen zu dienen und damit sein Reich zu bauen. Wir sind Teil von etwas, was unendlich viel größer ist als wir selbst. Das ist doch eine schöne Vorstellung!

Hierfür hat Jesus uns erstaunlich viel Vollmacht gegeben. Wir können Mächte der Finsternis binden und mit ihm in allen Situationen geistlich regieren:

> *Siehe, ich gebe euch die Vollmacht, auf Schlangen und Skorpione zu treten, und über alle Gewalt des Feindes; und nichts wird euch in irgendeiner Weise schaden.*
>
> *Lukas 10,19*

Ein Aspekt dieser Vollmacht ist die Fähigkeit, im Namen Jesu Kranke zu heilen. Vor Jahren kam ein Ehepaar zu uns und bat uns um Gebet für den schwerstbehinderten Sohn. Infolge eines fehlenden Gens konnte der vierjährige Junge weder aufstehen noch sprechen. Wir fühlten uns hilflos angesichts dieses Leids. Dann kam uns Römer 4,17 in den Sinn: Gott ruft dem, was nicht ist, dass es sei. Daraufhin riefen wir im Namen Jesu das fehlende Gen in Existenz. Nicht viel später kam neues Leben in den Körper des Jungen. Er konnte aufstehen, lernte zu sprechen und mit sechs Jahren konnte er eine reguläre Schule besuchen.

Durch mein Bibelstudium und aufgrund vieler guter Erfahrungen bin ich fest davon überzeugt, dass Jesus unsere Krankheiten getragen hat und dass wir deshalb Heilungen erwarten dürfen. Ich zitiere hier nur eine kleine Auswahl biblischer Aussagen dazu:

> *Fürwahr, er hat unsere Krankheit getragen und unsere Schmerzen auf sich geladen; wir aber hielten ihn für bestraft, von Gott geschlagen und niedergebeugt. Doch er wurde um unserer Übertretungen willen durchbohrt, wegen unserer Missetaten zerschlagen; die Strafe lag auf ihm, damit*

wir Frieden hätten, und durch seine Wunden sind
wir geheilt worden.

Jesaja 53,4-5

... damit erfüllt würde, was durch den Propheten
Jesaja gesagt ist, der spricht: „Er hat unsere Ge-
brechen weggenommen und unsere Krankheiten
getragen".

Matthäus 8,17

Er hat unsere Sünden selbst an seinem Leib ge-
tragen auf dem Holz, damit wir, den Sünden ge-
storben, der Gerechtigkeit leben mögen; durch
seine Wunden seid ihr heil geworden.

1. Petrus 2,24

Vielleicht spricht die Bibel deshalb so oft über Krankheit, weil es damals wie heute kaum etwas gibt, was
mehr Leid im Leben der Menschen verursacht. Obwohl
wir uns medizinisch massiv weiterentwickelt haben, gehört Krankheit immer noch zu den Dingen, vor denen
sich die Leute in der westlichen Welt am meisten fürch-
ten. Umso wichtiger ist es doch, dass es Menschen gibt,
die übernatürliche Lösungen für diese Not anbieten
können.

Während eines unserer Heilungsseminare rief ein Vater an mit der Bitte, ob er nicht mit seinem 30-jährigen
Sohn kommen dürfe. Das Bein des Sohnes war so von
Metastasen durchsetzt, dass es in den nächsten Tagen
amputiert werden sollte. Meine Frau und ich gingen
auf seine Bitte ein und leiteten die Eltern und den kranken Sohn an, Jesus um ein Wunder zu bitten. Wir und
alle Teilnehmer dieses Seminars machten uns dann eins

mit der Bitte des Kranken und seiner Eltern, indem wir uns auf die Verheißung Jesu stellten:

Wenn zwei von euch auf Erden übereinkommen über irgendeine Sache, für die sie bitten wollen, so soll sie ihnen zuteilwerden von meinem Vater im Himmel.

Matthäus 18,19

Dann dankten wir dem Herrn im Voraus für die Heilung des jungen Mannes. Das Ergebnis: Bei der nächsten Untersuchung, direkt vor der schon geplanten Amputation des Beines, waren die Metastasen so reduziert, dass das Bein nicht amputiert werden musste.

Jesus befähigt uns, gänzlich anders zu denken und zu handeln, als es in der Welt üblich ist. Er hat uns ausgestattet mit der Vollmacht, alles Böse zu entmachten und all das Gute auf die Erde zu bringen, das Gott für uns vorbereitet hat (Lukas 10,19; Matthäus 16,19).

Denn wenn infolge der Übertretung des Einen der Tod zur Herrschaft kam durch den Einen, wie viel mehr werden die, welche den Überfluss der Gnade und das Geschenk der Gerechtigkeit empfangen, im Leben herrschen durch den Einen, Jesus Christus!

Römer 5,7

Gottes Fülle ist dazu da, Menschen zu befreien und gemeinsam mit Jesus die Werke des Teufels zu zerstören:

Dazu ist der Sohn Gottes erschienen, dass er die Werke des Teufels zerstöre.

1. Johannes 3,8

In Gottes Kategorien zu denken heißt, von seiner Kraft und seiner Autorität aus zu denken – nicht von unseren Möglichkeiten. Wir sind Botschafter an Christi Stelle (vgl. 2. Korinther 5,20); wir sind Könige und Priester mit einem geistlichen Regierungsauftrag (vgl. Römer 5,17). Jesus sagte:

Mir ist gegeben alle Macht im Himmel und auf Erden. So geht nun hin und macht zu Jüngern alle Völker und lehrt sie alles halten, was ich euch befohlen habe. Und siehe, ich bin bei euch alle Tage bis an das Ende der Weltzeit!

Matthäus 28,18-19

Jesus sendete seine Jünger (also auch uns) genau so, wie sein Vater ihn gesandt hatte. Er hat uns beauftragt, das zu tun, was er uns vorgemacht hat.

In der Tat geht es hier nicht um Selbstverwirklichung, sondern um etwas viel Größeres – es geht um einen göttlichen Auftrag. Das Volk Gottes braucht mehr Sehnsucht nach dem Übernatürlichen. Jesus sagt (Johannes 10,37): „Wenn ich nicht die Werke meines Vaters tue, so glaubt mir nicht!" Die Kirche müsste demnach eigentlich sagen: „Wenn wir nicht die Wunder tun, die Jesus tat, so glaubt uns lieber nicht."

Weltverändernd wirken

Lassen Sie uns noch ein Stück weiter gehen. Heilungen sollten nur ein kleiner Teil dessen sein, was wir im Namen Gottes in dieser Welt bewirken. Das Geniale an Gottes Fülle liegt darin, dass sie überall für jedes Problem die passende Lösung bietet. Jeder Christ kann sie also genau dort beanspruchen, wo Gott ihn hingestellt hat – und damit die Welt verändern.

Ich möchte das konkretisieren: Sie arbeiten vielleicht in einer großen Firma, die finanziell zu kämpfen hat. Selbst wenn Sie nicht für die Finanzen verantwortlich sind, so gibt Gott Ihnen Einfluss auf die Zukunft der Firma. Die sollte Ihnen nicht egal sein, denn schließlich wollen Sie das Reich Gottes überall verbreiten. Erwarten Sie also für Ihren Arbeitsplatz alles denkbare Gute, Erfolg und erfreuliche Veränderungen. Sprechen Sie das vor Gott aus. Beten Sie, dass Gott aus seiner Fülle Ihrer Firma die Finanzen zur Verfügung stellt, die sie braucht. Warum denn nicht? Gott wird Sie nicht überhören. Und so werden nicht nur Sie gesegnet, sondern viele Menschen mit Ihnen, die vermutlich noch keinen Bezug zu Gott haben.

Unterschätzen Sie Ihre Autorität nicht. Umbeten und segnen Sie immer wieder ausdrücklich und ausführlich Ihre Familie, Ihren Haushalt, Ihr Geschäft, Ihr Klassenzimmer, Ihr Büro, Ihre Schwiegermutter, Ihre Arztpraxis usw.

Vielleicht sind Sie im Verkauf tätig. Dann segnen und umbeten Sie auch die Produkte, die Sie verkaufen. Segnen Sie jeden Auftraggeber und jeden Kunden, jeden Geschäftspartner, jeden Zulieferer, jeden Mitarbeiter. Sie können nichts falsch machen, wenn Sie einen anderen Menschen segnen. Rufen Sie für Ihren Betrieb den Frieden Gottes und seine Freude herbei. Salben Sie ihren Arbeitsplatz mit Öl, Ihren Computer oder die Maschinen, mit denen Sie arbeiten (vgl. 2. Mose 40,9). Erbitten Sie für jede Aufgabe Engelshilfe. Entmachten Sie jeden Plan Satans, der sich mit Streit und Erfolglosigkeit an Ihnen rächen will. Bitten Sie Gott um Gelingen für all Ihre Pläne, so wie Gott Josef in Ägypten Gelingen gab in allem, was er tat. Erklären Sie Ihren Arbeitsplatz zu einem Ort, an dem Gott sich verherrlicht.

Freunde von uns, die im Geschäftsleben stehen, haben diese Empfehlungen umgesetzt und ihre Geschäfte blühen und gedeihen. Gott freut sich, wenn Sie ihn in alle Lebensbereiche, in alle kleinen und großen Schritte mit einbeziehen, nichts mehr ohne ihn tun und beständig sein übernatürliches Eingreifen erwarten.

Nur vorbereitete Werke tun

Wahrlich, wahrlich, ich sage euch: Wer an mich glaubt, der wird die Werke auch tun, die ich tue, und wird größere als diese tun, weil ich zu meinem Vater gehe. Und alles, was ihr bitten werdet in meinem Namen, das will ich tun, damit der Vater verherrlicht wird in dem Sohn.

Johannes 14,12-13

Lassen Sie mich an dieser Stelle noch etwas klarstellen: Gott ist Gott und wir sind Menschen. Dass er uns Vollmacht gibt, ist allein seine Entscheidung. Nichts davon haben wir uns selbst zu verdanken. Er beschenkt uns, damit wir seinem Reich dienen. Das bedeutet, wir tun *seine* Werke, nicht *unsere*. Wir sind keine kleinen Götter, die eigenwillig durch die Welt marschieren und sich dann feiern lassen, wenn sie erfolgreich sind. Auch wenn Gottes Reichtum uns permanent zur Verfügung steht, dürfen wir niemals losgelöst von Gott handeln. Das wäre purer Aktionismus.

Leider gibt es Fälle, in denen Christen ihre Gaben aus eigenem Machtstreben missbrauchen. Sie tun Wunder, um sich damit selbst einen Namen zu machen. Sie handeln, ohne Gott zu fragen, ob sie überhaupt in seinem Willen handeln. Auf den ersten Blick mögen diese Leute Erfolg haben. Aber auf lange Frist gesehen bringen ihre Werke keine Frucht. Im Gegenteil: Schon bald werden sich die Menschen wieder enttäuscht von ihnen abwenden, wenn sie merken, dass ihr „Held" ihnen nicht das geben kann, was Gott ihnen geben will. Leider hinterlassen diese vermeintlichen Helden häufig eine Spur von verletzten und verschlossenen Herzen.

Vielleicht haben Sie Ähnliches erlebt. Sie haben einen Christen mit außergewöhnlichen Gaben gesehen und ihn dafür bewundert. Doch dann haben Sie seine charakterlichen Defizite bemerkt und sind darüber erschrocken. Ihre Reaktion war möglicherweise: „Wenn dieser Mensch so selbstherrlich ist, dann kann auch seine Gabe niemals von Gott sein." Als Konsequenz haben Sie in Ihrem Herzen beschlossen, in Zukunft jedes übernatürliche Wirken zu hinterfragen und im Zweifelsfall abzulehnen. Wir werden an späterer Stelle auf solche Festlegungen eingehen. Sie können ein bedeutender Hinderungsgrund sein, um die Fülle Gottes zu erleben.

Ich möchte vorerst nur deutlich machen: Es gibt *Gottes* Werke und es gibt *menschliche* Werke. Wenn wir

Frucht bringen wollen, dann ist es wichtig, dass wir Gottes Werke tun.

> *Denn wir sind seine Schöpfung, erschaffen in Christus Jesus zu guten Werken, die Gott zuvor bereitet hat, damit wir in ihnen wandeln sollen.*
> *Epheser 2,10*

Eigentlich ist es ganz simpel: Gott selbst bereitet die Werke vor, die wir in seinem Namen vollbringen. Unser Anteil besteht nur darin, die Gemeinschaft mit dem Vater, dem Sohn und dem Heiligen Geist zu pflegen, darin zu leben – und dann im richtigen Moment die göttlichen Gnadengeschenke zu ergreifen.

> *So liegt es nicht an jemandes Wollen oder Laufen, sondern an dem sich erbarmenden Gott.*
> *Römer 9,16 (ELB)*

4. Das größte Geschenk: Gott selbst

Meine bisherigen Beschreibungen des Lebens in Fülle könnten den Eindruck erwecken, wir würden von einer abstrakten und unpersönlichen Angelegenheit sprechen. Fast klingt es, als würde man die „Bodenhaftung" verlieren, wenn man sich nach einem solchen Leben ausstreckt.

Das Gegenteil ist jedoch der Fall. Die wichtigste Eigenschaft des Lebens in Fülle habe ich nämlich noch gar nicht ausgeführt: Gott selbst wird ganz zum Mittelpunkt unseres Lebens. Wir sind vollständig auf eine Person ausgerichtet, nicht auf eine abstrakte Sache. Wir folgen nicht in erster Linie Prinzipien, sondern wir leben eine Beziehung.

Diese Beziehung halte ich für so zentral, dass ich ihr ein eigenes Kapitel widme.

Gottes Charakter prägt uns

> *Er hat uns errettet aus der Herrschaft der Finsternis und hat uns versetzt in das Reich des Sohnes seiner Liebe.*
>
> *Kolosser 1,13*

Dieser Vers verheißt uns, dass wir einem wundervollen Reich angehören. Entscheidend ist aber der Herrscher dieses Reiches: der „Sohn seiner Liebe". Das größte Geschenk Gottes ist das Wesen Jesu – seine Güte, seine Barmherzigkeit, seine Demut und Sanftmut, seine Weisheit, seine Kraft. Als wir Jesus angenommen haben, kam sein Charakter in uns hinein und seither nimmt er immer mehr zu. Das bedeutet: Jesu Liebe, sein Friede, seine Barmherzigkeit, seine Vollmacht, seine Heilung, seine Versöhnung, seine Weisheit, seine Gerechtigkeit, seine Heiligkeit, seine Wahrheit und noch vieles mehr leben durch Jesus in uns und nehmen zunehmend Gestalt an.

Wenn wir ganz auf den „Sohn seiner Liebe" ausgerichtet sind, wird sein Charakter uns immer mehr prägen und bestimmen. Wie von selbst werden wir Jesus ähnlicher. Von Tag zu Tag werden wir erneuert, weil nun nicht mehr wir leben, sondern Jesus lebt in uns (vgl. 2. Korinther 4,16; Galater 2,20). Unser alter Mensch verblasst und der neue Mensch, zu dem Gott uns macht, wird sichtbar. Der Vater sieht die Vollkommenheit Jesu in uns und ist begeistert.

Mit Gott verbunden

Dass durch Jesus jeder noch so tiefe Mangel in Ihnen gestillt wird und große Ruhe und Sicherheit bei Ihnen einziehen, ist ein Nebeneffekt. Jesus Christus führt Sie heim zum Vater. In allererster Linie wird Ihre Sehnsucht nach dem Vater gestillt – ebenso wie seine Sehnsucht nach Ihnen gestillt wird.

Enge Verbundenheit mit dem Vater und mit Jesus ist das Größte, das wir im Leben je erreichen können. Es ist genau das, wofür wir geschaffen wurden. Jesus sagt:

Ich bin der Weinstock, ihr seid die Reben. Wer in
mir bleibt und ich in ihm, der bringt viel Frucht;
denn getrennt von mir könnt ihr nichts tun.

Johannes 15,5

Dieser Vers ist der Schlüssel für ein erfülltes Leben; und zwar deshalb, weil er unseren Blick auf das Entscheidende lenkt: die Verbundenheit mit Gott.

Wie setze ich diesen Schlüssel im Alltag ein, wenn sich die Probleme um mich herum auftürmen?

1. Schauen Sie weg von Ihren Problemen und schauen Sie stattdessen Jesus an.

2. Sprechen Sie mit Jesus. Teilen Sie ihm Ihr Herz mit. Wenn Sie mit anderen Menschen reden, dann wählen Sie doch Jesus als Gesprächsthema. Dadurch beziehen Sie ihn in alle Bereiche Ihres Lebens ein.

3. Beten Sie Jesus an, ehren Sie ihn, danken Sie ihm. Im Loben und Danken liegt große Kraft (vgl. 2. Chronik 20; dazu später mehr).

4. Sprechen Sie aus und machen Sie sich bewusst, wer Jesus in Ihnen ist und wer Sie in Jesus sind.

Diese Schritte führen Sie zur Quelle Ihres Lebens. „Alle meine Quellen sind in dir!", heißt es in Psalm 87,7. Erst wenn Sie bei Gott persönlich angekommen sind, ergeben alle Dinge in Ihrem Leben einen Sinn. Vorher brauchen Sie nicht nach Lösungen zu suchen. Was würden Ihnen gelöste Probleme nützen, wenn Sie das eigentliche Geschenk – Gott selbst – nicht hätten?

Viele Christen haben das nicht verstanden. Sie suchen die Segnungen, aber nicht die Quelle. Über sie sagt Gott:

Mich, die Quelle des lebendigen Wassers, haben sie verlassen.

Jeremia 2,13

Freilich bleibt es nicht dabei. Wenn Sie einmal in Gottes Gegenwart angekommen sind und seine Liebe Ihren inneren Mangel gestillt hat, dann wird er sich auch mit Ihnen konkret Ihre aktuelle Lebenssituation anschauen. Er wird sich gerne anhören, was Sie ihm zu sagen haben. Aber das werden Sie nicht mehr in der Haltung eines vaterlosen Waisenkindes tun. Sie werden nicht mehr voller Verzweiflung um ein paar „Segensbrocken" betteln. Vielmehr reden Sie mit ihm in dem Bewusstsein, als Kind des himmlischen Vaters unendlich geliebt und umsorgt zu sein.

Schauen Sie sich nun an, wie Jesus seine oben zitierte Aussage fortführt:

Wenn ihr in mir bleibt und meine Worte in euch bleiben, so werdet ihr bitten, was ihr wollt, und es wird euch zuteilwerden.

Johannes 15,7

Aus diesem Vers können wir nun weitere Schritte ableiten, wie wir mit unseren Problemen umgehen:

5. Formulieren Sie vor Gott, wie in Ihrer konkreten Situation ein Leben in Fülle für Sie aussehen würde. Erwarten Sie es, rufen Sie es herbei. Sie sind ein Kind des Königs!

6. Sprechen Sie zu Ihren „Bergen" der Probleme (vgl. Markus 11,22-26). Sagen Sie ihnen, dass sie sich wegheben sollen und rufen Sie die Lösungen herbei, die Sie dringend brauchen.

Klingt Ihnen das zu abgefahren? Zu würdelos? Dann fragen Sie sich einmal, wie Sie Gott sehen. Und wie sehen Sie sich selbst vor Gott? Ist Gott für Sie ein unerreichbarer, anonymer Willkürherrscher? Glauben Sie, dass Sie seinem Zorn hilflos ausgeliefert sind?

Der Bibel entnehme ich, dass wir geliebte Söhne und Töchter und Freunde Gottes sind (vgl. Römer 8,15; Johannes 15,15) – also weder Sklaven noch Marionetten. Der Vater im Himmel will uns beschenken, uns sein Herz mitteilen und alles nur erdenkliche Gute zukommen lassen. Er interessiert sich für unser Leben und unseren Alltag. Und es macht ihm großen Spaß, mit uns gemeinsam Probleme zu besiegen.

Gott kommt Ihnen dabei weit entgegen. Gemeinschaft mit ihm ist keine Zwangsleistung, die Sie vollbringen müssten. Gott lief dem verlorenen Sohn entgegen und er warb um den zu Hause gebliebenen Sohn; ebenso überwältigte er Saulus auf dem Weg nach Damaskus. Schließlich ist es in seinem Interesse, dass Sie mit ihm verbunden sind. Darum zieht er Sie zu sich und legt den Hunger und die Sehnsucht nach ihm in Sie hinein. Er sendet Ihnen inspirierende Menschen, CDs und Bücher, er schenkt Ihnen Offenbarungen und redet zu Ihnen in Träumen. Manchmal kommt er zu Ihnen auch durch Handauflegung, Gebet und „Zuteilung" (engl. *impartation*, vgl. Römer 1,11).

Was könnte schöner sein, als wenn der ewige Herrscher des Universums um uns wirbt?

Der Liebeskreislauf

Die herausragendste Eigenschaft Gottes ist ohne Zweifel seine bedingungslose Liebe. Gott liebt Sie mit derselben Liebe, mit der er auch Jesus liebt:

> *... damit die Liebe, mit der du mich liebst, in ihnen sei ...*
>
> *Johannes 17,26*

Nur dieser Liebe ist es zu verdanken, dass Jesus sein Leben für uns opferte, ohne dass er dafür einen rationalen Grund hatte. Liebe ist der Antrieb Gottes, sie bestimmt sein Handeln. Sie bewegt ihn dazu, die Nähe zu uns Menschen zu suchen und uns ohne Forderungen permanent Gutes zu tun. Eine solche Eigenschaft kann der Mensch nicht aus sich selbst heraus entwickeln. Ein Mensch wird ohne Gottes Liebe immer nur zu seinem eigenen Vorteil handeln, selbst dann, wenn er vordergründig Gutes tut. Vielleicht kauft er gelegentlich einem Obdachlosen etwas zu essen. Aber ist es die pure Liebe, die ihn dazu bewegt, oder ist es eher der selbstbezogene Wunsch, ein „reines Gewissen" zu haben?

Wahre Liebe ist keine menschliche, sondern eine göttliche Eigenschaft. Aber: Wir haben festgestellt, dass durch die enge Gemeinschaft mit Gott seine Eigenschaften auf uns übergehen. Folglich wird auch Gottes Liebe in uns sein, wenn wir mit Gott verbunden sind. Die größte Macht des Universums wird zu unserem persönlichen Merkmal!

Die Liebe ist das Zentrum von Gottes Fülle. „Die Liebe Gottes ist ausgegossen in unsre Herzen durch den Heiligen Geist" (Römer 5,5). Mit dieser Liebe in unserem Herzen denken wir nicht mehr egoistisch, sondern wir tragen Gottes Fülle in jede Situation unseres Lebens hinein, damit andere davon profitieren.

Gottes Liebe in uns schützt uns zudem vor den Gefühlen des Verletztseins, der Frustration oder der Ablehnung. Weil die Liebe uns umgibt und trägt, brauchen wir uns nicht mehr gegen andere Menschen zu verteidigen. Vielmehr schließen wir sie in diese Liebe mit ein, egal wie sie sich uns gegenüber verhalten.

Wo wir früher recht haben und deshalb ständig anderen widersprechen mussten, können wir jetzt demütig nachgeben. Wo wir früher immer „Ja, aber …" sagen mussten, können wir viel besser im Anderen das Gute erkennen, ihn darin ehren und bestätigen. Wir müssen unserem Chef oder unserem Pastor nicht mehr nach dem „90:10-Prinzip" begegnen. Was das ist? Nehmen wir an, unser Pastor ist ein echter Mann Gottes und er hat 90 Prozent gute Eigenschaften sowie ein paar Schwächen wie jeder andere. Was meinen Sie, worüber und in welcher Weise in der Gemeinde hauptsächlich gesprochen wird? Richtig, leider über die zehn Prozent und zwar urteilend, richtend. Mit Jesu Liebe in uns werden wir das Gegenteil tun. Wir werden Gutes über unseren Pastor (oder unseren Chef) sprechen und die zehn Prozent Schwächen mit Fürbitte versehen.

Mit unserer Ausrichtung auf den Vater und auf Jesus treten wir in einen wunderbaren Kreislauf ein, den ich den „Liebeskreislauf" der Fülle Gottes nennen will:

Zuerst erhalten wir die alles erfüllende Liebe des Vaters, damit einher gehen die Wesensmerkmale von Jesus (etwa sein Friede, seine Vollmacht, sein Glaube) und dazu die Partnerschaft mit dem Heiligen Geist (dazu später mehr). Wir können in diesem Überfluss schwelgen und davon schließlich an unsere Umgebung weitergeben. Durch uns werden andere Menschen mit Gottes Vaterliebe berührt und bestätigt. Kranke werden geheilt, weil wir Jesu Vollmacht einsetzen. Wir dienen anderen mit göttlicher Weisheit, Fürbitte und prophetischen Worten – oder auch mit Geld, das wir geschenkt bekamen.

Davon wird Gott so begeistert sein, dass er sagt: „Ich fühle mich wohl bei euch. Ich möchte mit meiner Gegenwart in eurer Mitte wohnen und ich will euch gerne noch viel mehr beschenken."

> *Denn wer hat, dem wird gegeben werden, damit er Überfluss hat.*
>
> *Matthäus 25,29*

Je mehr Sie von dem weitergeben, was Sie erhalten haben, umso mehr werden Sie empfangen, um es wiederum weiterzugeben. Sie werden feststellen, dass andere Menschen den Segen und die Liebe Gottes in Ihrem Leben wahrnehmen. Diese Menschen werden sich zu Ihnen hingezogen fühlen und kommen dadurch selbst mit Gott in Kontakt.

Damit schließt sich der Liebeskreislauf des Lebens in Fülle. Er beginnt bei Gott. Immer ist Gott der Geber und das Zentrum. Und am Ende läuft alles wieder zu ihm hin.

Partnerschaft mit dem Heiligen Geist

Sicherlich haben Sie schon manches über den Heiligen Geist gehört. Unter anderem wohl auch, dass er – wie der Vater und Jesus – Gott ist. Häufig ist es aber doch so, dass wir uns unter den ersten beiden viel leichter ein Gegenüber vorstellen können als unter dem Heiligen Geist. Der erscheint uns eher wie ein nebulöses Etwas, mit dem man sich am besten nicht zu intensiv beschäftigt.

Das ist sehr schade. Denn der Heilige Geist höchstpersönlich ist es, der die Liebe Gottes, von der ich gesprochen habe, in unser Herz gießt. Er selbst sehnt sich danach, unser Partner zu sein:

> *Oder meint ihr, die Schrift rede umsonst? Ein eifersüchtiges Verlangen hat der Geist, der in uns wohnt.*
>
> *Jakobus 4,5*

Der Heilige Geist wünscht sich eine Beziehung zu uns! Ich übertreibe nicht, wenn ich sage, er möchte gerne ununterbrochen mit Ihnen zusammen sein. Sein Lieblingsthema ist die Liebe Gottes, die er uns auf unterschiedlichste Weise schmackhaft machen will. So offenbart er uns die göttlichen Wahrheiten und beschenkt uns mit seinen Früchten (vgl. Galater 5,22) und Gaben (vgl. 1. Korinther 12-14). Dies ist nicht ein einmaliger Vorgang. Es ist ein ständiges Werben um uns. Was wir bisher vom Heiligen Geist bekommen haben, etwa das Sprachengebet, ist nur der Anfang. Er möchte uns immer wieder neu erfüllen mit göttlichem Leben, mit Freude und Kraft, wie wir sie uns nicht vorstellen können (vgl. Epheser 3,20).

Eigentlich sollten Esoteriker voller Respekt und Neid über das reden, was sie bei uns sehen. Sie sollten uns nachlaufen und betteln: „Erzähle uns etwas über die

Quelle deiner Kraft! Dieser Jesus und dieser Heilige Geist, die scheinen doch ganz real zu sein, ich möchte mehr darüber erfahren!"

Als unser Partner möchte der Heilige Geist an unserem Alltag teilnehmen und mit uns kommunizieren. Jesus selbst lebte in dieser engen Gemeinschaft und unter der Führung des Heiligen Geistes (vgl. Lukas 4,1). Immer wieder hören wir, dass Christen zum Beispiel im Einkaufszentrum Menschen ansprechen, die sie vorher im Gebet gesehen hatten. Sie teilen ihnen mit, was der Heilige Geist ihnen über sie gezeigt hat. Dann beten sie für diese Menschen und erleben Wunder über Wunder.

Wir Europäer müssen manchmal unseren ganzen Mut zusammennehmen, um solche Eindrücke in die Tat umzusetzen. Erwarten Sie immer das Reden des Heiligen Geistes und nehmen Sie alle inneren Eindrücke und Gedanken ernst! Der Heilige Geist redet immer – aber hören und gehorchen wir?

Wenn wir uns nach einem geisterfüllten Leben ausstrecken, gibt Gott uns geübte Sinne:

> *... die Gereiften, deren Sinne durch Übung geschult sind zur Unterscheidung des Guten und des Bösen.*
>
> *Hebräer 5,14*

Was sind geübte Sinne? Geübte Sinne spüren Gottes Gegenwart. Wenn wir geübte Sinne haben, können wir Engel sehen; wir spüren Kälte (bei Anwesenheit von Dämonen) oder Wärme (in der Gegenwart des Heiligen Geistes). Wir weinen oder lachen … wir bekommen ein klares Empfinden dafür, welche Impulse von Gott sind.

Laden Sie bei jedem Gebet den Heiligen Geist ein

und bitten Sie ihn, die Regie zu übernehmen. Erlauben Sie dem Heiligen Geist, Ihre bestehenden Programme und Ordnungen über den Haufen zu werfen und seien Sie offen für ein menschlich nicht verstehbares Himmelsprogramm. Dazu braucht es Mut und wir müssen uns lösen von dem Bedürfnis, Menschen zu gefallen. Was wir dafür bekommen, ist aber um vieles besser.

5. Was uns vom erfüllten Leben abhält

Ein erfülltes Leben. Ich habe davon erzählt, habe es in Ansätzen beschrieben und gezeigt, dass Gott der Erste ist, der es Ihnen wünscht. Gescheitert bin ich wohl bei der Erwartung, eine umfassende Vorstellung der Fülle Gottes zu geben. Glücklicherweise. Kein Buch der Welt könnte das leisten. Aber eines wollte ich auf alle Fälle zeigen: dass es sich hier nicht um ein Hirngespinst handelt; auch nicht um eine schwärmerische Übertreibung oder ein Spezialprogramm für besonders Heilige. Ich habe von Gottes Programm für *Sie* gesprochen – für Sie und für jeden, der sich Gottes Kind nennen kann.

Nun fragen Sie sich, weshalb Sie – vielleicht schon seit vielen Jahren – ein Kind Gottes sind und dennoch so wenig von diesem erfüllten Leben mitbekommen haben. Freude und Vollmacht? – Eine Sache der ersten Christen! Liebeskreislauf? – Ein schönes Ideal! Die Realität straft den Autor Lügen, sagen Sie sich womöglich.

Ich denke nicht, dass es so ist. Auch wenn sich Ihre derzeitige Realität nicht mit den göttlichen Zusagen deckt, so sind diese deshalb nicht falsch. Vielleicht gibt es in Ihrer Realität ja Elemente, die sich der „göttlichen Realität" in den Weg stellen. Das Gute ist: Mit der Hilfe des Heiligen Geistes können wir diese Hindernisse aufspüren und aus dem Weg räumen. Wahrscheinlich haben so viele Christen deshalb noch nichts von Gottes Fülle geschmeckt, weil sie sich nicht auf dieses Wagnis eingelassen haben. Die folgenden Punkte sollen Ihnen helfen, es anders zu machen und sich selbst zu prüfen, welche Hindernisse dem Segen Gottes eventuell noch im Weg stehen.

Schluss mit Routine-Christsein

Viele Christen waren nach ihrer Bekehrung von einer großen Begeisterung für Jesus angetrieben. Mit glänzenden Augen sprachen sie über ihre neuesten Erlebnisse und ihr Eifer für Gott kannte keine Grenzen. Nach einigen Enttäuschungen und Niederlagen ließ dieser Eifer jedoch bald nach und wich einem gebremsten Routine-Christsein. Der Glaube wird seitdem auf Sparflamme gehalten und beschränkt sich aufs Nötigste: hier ein bisschen Bibellesen, dort ein Gebet oder eine Spende, ein wenig frommes Freundlichsein … Dass das Leben mit Jesus zu einer spröden, bestenfalls mühsamen Angelegenheit geworden ist, will man aber dann doch nicht zugeben. Stattdessen werden allerlei theologische Konstrukte angefertigt, warum es denn so sein muss. Beispielsweise heißt es: „Man wird eben reifer und damit auch gesetzter." Oder: „Glaube ist kein Sprint, sondern ein Dauerlauf. Setzen wir unsere Energie sparsam ein." Oder: „Gott ist ein Gott der Ordnung. Deshalb brauchen wir Routine und nicht Begeisterung."

Jesus sagt etwas ganz anderes zur Gemeinde in Ephesus:

> *Aber ich habe gegen dich, dass du deine erste Liebe verlassen hast.*
>
> *Offenbarung 2,4*

Jesus wünscht sich heiße, verliebte, leidenschaftliche Christen. Ein lässiges, lahmes, lauwarmes Lust-und-Laune-Christsein ist absolut nicht in seinem Plan. Es ist unattraktiv und uninteressant und hat keine Auswirkungen auf die Menschen in unserem Umfeld.

Kann es sein, dass Sie zu einem Zeitpunkt in Ihrem Leben – bewusst oder unbewusst – einem solchen Routine-Christsein Raum gegeben haben? Vielleicht durch eine der oben genannten Aussagen? Oder schlicht dadurch, dass Sie sich in Ihrem Innern mit dem Mindestmaß zufriedengegeben haben? Womöglich sind Ihnen die Reize der Welt wieder zu groß geworden oder die Sünden und Gewohnheiten Ihres früheren Lebens haben Sie eingeholt. Eines steht fest: Wer nicht aktiv nach einem erfüllten Leben strebt, wird ganz automatisch in ein Routine-Christsein fallen.

Der Ausweg besteht aus zwei Schritten:

1. Eine schonungslose Analyse. Reden Sie nicht drum herum und suchen Sie nicht nach theologischen Erklärungen dafür, warum Ihnen Ihr Glaubensleben so unattraktiv vorkommt. Sprechen Sie es einfach aus: „Gott, diese Form des Christseins macht nicht glücklich und ist nicht anziehend. Es macht dir wenig Ehre. Bitte vergib mir, dass ich mich damit zufriedengegeben habe."

2. Aktiv werden. Routine-Christsein wird nicht durch Handauflegung ausgetrieben, sondern es verschwindet automatisch, wenn wir ein attraktives Christsein anstreben. Bitten Sie Gott darum, Ihnen neuen Hunger und Sehnsucht zu schenken. Und dann geben Sie diesen Anspruch nicht mehr auf.

Sie brauchen im Übrigen nicht wieder so zu werden, wie Sie zum Zeitpunkt Ihrer Bekehrung waren. Freilich werden wir alle reifer und weiser. Aber jedes Alter im Glauben kennt eine ganz eigene Form der Begeisterung und des Eifers. Sie werden es einem Christen ansehen, wenn er von diesem Eifer gepackt ist – egal wie lange er schon dabei ist.

Falsche Maßstäbe ablegen

Wie kommt es eigentlich dazu, dass wir so leicht in Lauheit fallen? Da muss es Kräfte geben, die uns immer wieder von den Verheißungen Gottes wegziehen. Gehen wir dieser Spur doch einmal nach und schauen uns diese Kräfte an. Manche von ihnen sind so tief in uns verwurzelt, dass wir nie auf die Idee kämen, sie als Problem anzusehen. Schon immer haben sie uns begleitet und wir glauben, es sei ganz normal, mit ihnen zu leben.

Unser humanistisches Weltbild gehört wohl zu diesen Kräften. Von Kindheit an sind wir davon geprägt. Würde man heute eine Umfrage machen, wer sich als „Humanist" bezeichnet, dann käme wohl eine geringe Zahl heraus. Die meisten Menschen wissen noch nicht einmal, was sie überhaupt zu einem Humanisten macht. Das ändert aber nichts daran, dass nahezu jeder Erwachsene in unserer westlichen Welt von Grund auf humanistisch denkt. Ein zentraler Bestandteil dieses Denkens ist die Erhöhung des menschlichen Verstandes. Er wird zum alleinigen Maßstab dafür, was wir für richtig oder falsch, was wir für möglich oder unmöglich halten. In letzter Konsequenz ersetzen Wissen und Logik die göttliche Offenbarung.

Wenn wir vom humanistischen Denken geprägt sind, sehen wir nur noch unsere eigenen Möglichkeiten. Dann fragen wir uns (oft genug bange), wie wir mit den uns verfügbaren Möglichkeiten in dieser oder jener Situation eine Lösung finden könnten.

Das Problem dabei ist, dass weder Gottes Liebe noch seine Gnade unserer Logik zugänglich sind. Unser Verstand würde niemals erkennen, dass Gott uns aus seinem Überfluss beschenken will. Sein übernatürliches Eingreifen halten wir für unrealistisch. Wenn wir einem Kranken begegnen, dann gehen wir zunächst einmal davon aus, dass allenfalls medizinische Hilfe möglich ist; mit einem Heilungswunder rechnen wir nicht. Schließlich entspricht das nicht dem „normalen" Lauf des Lebens, wie man ihn in unserer Gesellschaft erwartet.

In der Regel denken wir gemäß unserer Erziehung und Prägung. Und die hat die Bibel weithin verkürzt auf die Dimensionen, die wir mit unserem Verstand erfassen und mit unserer Erfahrung belegen können. Es zählen nur die sichtbaren, wissenschaftlich beweisbaren Tatsachen und nicht die einfachen Wahrheiten des Wortes Gottes. So leben wir mehr im Natürlichen als im Übernatürlichen.

Ohne es zu merken, treten wir damit aus der Abhängigkeit von Gott heraus und verlassen uns auf unsere eigene Stärke. Wir lassen die Demut hinter uns und wollen das Leben selber ordnen und kontrollieren. Somit entscheiden wir uns für unseren Stolz und haben Gott gegen uns:

Gott widersteht den Hochmütigen; den Demütigen aber gibt er Gnade.
Sprüche 3,34; 1. Petrus 5,5

Demut heißt: In jeder Situation sind wir ganz von Jesus abhängig. Jesus sagt es deutlich: „… denn getrennt von mir könnt ihr nichts tun" (Johannes 15,5).

> *Ich ermahne euch nun, ihr Brüder, angesichts der Barmherzigkeit Gottes, dass ihr eure Leiber darbringt als ein lebendiges, heiliges, Gott wohlgefälliges Opfer: Das sei euer vernünftiger Gottesdienst! Und passt euch nicht diesem Weltlauf an, sondern lasst euch in eurem Wesen verwandeln durch die Erneuerung eures Sinnes, damit ihr prüfen könnt, was der gute und wohlgefällige und vollkommene Wille Gottes ist.*
>
> *Römer 12,1-2*

Jesus und auch Paulus erwarten, dass wir wie Jesus denken, unser Bruder und Freund, dass wir sprechen und handeln wie er. Wir sollen lernen, alles – und zwar wirklich alles – aus der himmlischen Perspektive zu sehen: wie im Himmel, so auf Erden (vgl. Matthäus 6,10).

> *… damit ihr fest steht, vollkommen und zur Fülle gebracht in allem, was der Wille Gottes ist.*
>
> *Kolosser 4,12*

Wir sollen „fest stehen" (in der göttlichen Wahrheit), „vollkommen sein" (durch Jesus und seine Vollkommenheit in uns), das heißt geistlich erwachsen und mündig, und „zur Fülle gebracht" – denn das ist der Wille Gottes für uns.

Das ist ganz schön herausfordernd: Seit jeher werden wir vom Denken der Welt beeinflusst – und kaum ein Mensch hinterfragt es jemals. Und doch sollen wir Gottes Wahrheitszusagen über dieses „normale" Denken stellen.

Ein erneuertes Denken beginnt mit der Abkehr von unserem engen, dem Menschen angepassten Denken. Mit Christus dürfen und sollen wir den Denkansätzen der Welt gestorben sein. Sodann braucht es eine klare Entscheidung: Ich will so denken und handeln, wie es Jesu Denken und Handeln entspricht. Ein einfaches Gebet kann der Einstieg sein.

Ein Prozess wird in Gang kommen, der eine neue Hierarchie in uns schafft. Bislang steht der Verstand an der Spitze dieser Hierarchie. Wenn der Verstand uns beherrscht, wird er Unglaube und religiösen Schein ohne Kraft hervorbringen. Glaube hingegen entsteht im Herzen bzw. in unserem Geist. Unser Verstand muss also dem Glauben dienen und sich diesem unterordnen. Unser Denken soll von unserem Geist und vom Wort Gottes bestimmt sein.

Je fester sich diese neue Hierarchie einspielt, umso mehr bestimmen uns nun Gottes Wahrheit und seine übernatürliche Welt. Mit der Zeit wird es für uns normal, dass wir in schwierigen Situationen Engelshilfe erbitten und auch erhalten. Der Heilige Geist ist unser ständiger Partner und Berater. Bei Problemen sind Wunder oder prophetische Impulse das Erste, was wir erwarten.

Was aber, wenn wir diese Entscheidung treffen und danach ändert sich immer noch nicht alles? Dann sollten wir sehr darauf achten, dass wir den Tatsachen und Umständen (also dem, was wir mit unseren menschlichen Augen sehen oder wissenschaftlich beweisen können) nicht mehr glauben und mehr Beachtung schenken als dem, was Jesus für uns getan hat. Vergessen wir nicht: Dass er für uns gestorben und auferstanden ist, war ein übernatürlicher Vorgang. Folglich ist es auch eine übernatürliche Tatsache, dass Sie durch Jesus von Ihrer Schuld befreit wurden. Wenn Sie sich daran orientieren, dann leben Sie bereits jeden Tag im Übernatürlichen.

Die Macht negativer Erfahrungen brechen

Mancher Leser mag jetzt denken: „Das hört sich ja alles ganz schön an und bestimmt funktioniert es bei vielen auch. Aber wenn du *meine* Probleme kennen würdest, dann würdest du wissen, dass deine Theorie doch reichlich naiv ist."

Sie würden gerne glauben, aber die persönliche Erfahrung hat Sie eines Besseren belehrt. Sie denken an die vielen Gebete, die Gott nicht erhört hat. Sie erinnern sich daran, dass Sie für etwas geglaubt haben und dennoch keinen Erfolg sahen. Oft ist es eine Krankheit, die auch nach vielen Gebeten nicht verschwunden ist. Oder Sie haben es oft probiert, Gottes Gegenwart spürbar zu erleben und sind zu dem Ergebnis gelangt, dass solche Erlebnisse Übertreibung sind.

Ich will Ihnen Ihre Erfahrungen nicht ausreden, schließlich sind sie real. Es mag Gründe geben, warum sie passiert sind. Vielleicht gibt Gott Ihnen irgendwann eine Erklärung dafür. Enttäuschende Erfahrungen entfalten allerdings ihre eigentliche Zerstörungskraft erst dann, wenn wir sie zum Maßstab machen. Dann passen wir nämlich Gottes Wahrheit an unseren Horizont an. Wir definieren anhand dessen, was wir erlebt haben, was möglich ist und was nicht. Das ist nichts anderes, als wenn wir uns vom humanistischen Weltbild bestimmen lassen.

Stellen Sie sich vor, ein Mann würde sein ganzes Leben in einer Höhle verbringen. Er kennt nichts als die Dunkelheit und die Steinwände um sich herum. Nie hat er die Sonne gesehen. Es ist verständlich, dass dieser Mann behauptet, es existiere keine Sonne; oder es sei zumindest nicht möglich, die Sonne zu erleben. Seine Aussage ist dennoch falsch. Selbstverständlich gibt es die Sonne und jeder Mensch kann in den Genuss ihrer Wärme und ihres Lichts kommen. Daran ändert die Erfahrung dieses Mannes nichts. Wenn er doch nur einmal aus seiner Höhle herausgekommen wäre …

Ja, es braucht Glaube, um die Macht unserer Erfahrungen zu brechen. Es bedeutet manchmal sogar, sie zu ignorieren, selbst wenn sie wahr sind. Wie Petrus, der auf Jesu Geheiß ein zweites Mal auf den See fuhr, müssen wir manchmal erfolglose Versuche wiederholen. Nur wenn wir einen Glauben für Gottes Wahrheit entwickeln, kommen wir aus der Höhle unserer Erfahrungen heraus.

Und so rüsten Sie sich dafür: Füllen Sie Ihre Gedanken und Ihr Herz mit den Verheißungen der Bibel und mit der Erinnerung an erlebte Gebetserhörungen. Denken Sie dabei besonders an all die Verheißungen, die eine Lösung für Ihr Problem anbieten. Und denken Sie daran, was Gott in Ihrem eigenen Leben und in Ihrer Umgebung bereits Großes getan hat (so mancher Psalmist ist darin ein Vorbild). Sie werden feststellen, dass in Ihnen ein Bewusstsein heranwächst, wie oft Sie schon die Güte Gottes erlebt haben. Und Sie werden mit der Zeit merken, dass es womöglich doch nicht so naiv ist, Gottes Einwirken zu erwarten.

Lernen Sie <u>neu zu denken, neu zu sprechen</u> und <u>neu zu erwarten</u>. Sprechen Sie wie Josua und Kaleb: „Wir können das Land einnehmen" (4. Mose 13,30). Unsere Feinde und Probleme sind entmachtet und müssen vor uns zerbrechen. Statt wie das Volk Israel zu sagen: „Wir waren in unseren Augen wie Heuschrecken" (Vers 33), sagen Sie: „Ja, wir können!" Wir können die Fülle Gottes erleben, wir können ihn spüren und mit ihm Gemeinschaft haben, wir können und sollen Wunder erwarten.

Was passiert, wenn nichts passiert? Das sollte uns nicht erschrecken. Dann mag eine negative Erfahrung dazugekommen sein. Sie wird nichts an der Wahrheit ändern. Entscheidend ist, dass Sie dieses Erlebnis nicht wieder zum Maßstab Ihres Glaubens machen. Jesus fragte:

> *Doch wenn der Sohn des Menschen kommt, wird er auch den Glauben finden auf Erden?*
> *Lukas 18,8*

> *Unser Glaube sollte die Erfahrungen beeinflussen; nicht umgekehrt.*

Enttäuschung zurücklassen

Schlechte Erfahrungen können uns also prägen. Das will ich noch einmal vertiefen, weil wir an dieser Stelle eventuell ein weiteres Hindernis beiseite räumen müssen. Wir haben festgestellt, dass ein langweiliges Routine-Christsein das Ergebnis von Resignation ist. Diese wiederum wird ausgelöst von schlechten Erfahrungen. Weshalb? Das Schlüsselwort kann hier nur „Enttäuschung" lauten.

Dieses Wort ist interessant. Es besagt, dass wir uns in etwas oder jemandem „getäuscht" haben und diese Täuschung nun aufgedeckt wurde. Eine Täuschung ist eine Form von Illusion. Wir besitzen Vorstellungen und Erwartungen, die wir durch jemanden erfüllt sehen wollen. Das motiviert und belebt uns zunächst, es kostet uns aber auch Vertrauen. Weil Vertrauen eine Herzenssache ist, machen wir uns damit sehr verwundbar. Wenn nun die Erwartung nicht eintrifft, schlägt die Motivation ins Gegenteil um. Wir empfinden den Vertrauensvorschuss, den wir investiert haben, als Verlust. Um weiteren Verlust zu vermeiden, beschließen wir, unser Vertrauen nie wieder in diese „Täuschung" zu investieren. Auf diese Weise entsteht Resignation.

Die Frage lautet, wer nun an diesem Missgeschick schuld ist. Ist es die Person, in die wir unsere Erwartungen gesetzt haben oder sind wir selber schuld? Ja und ja, lautet meine Antwort. Sicherlich machen sich oft Menschen an uns schuldig, wenn sie nicht das erfüllen, was sie erwarten lassen. Aber auch wir machen einen Fehler, wenn wir Menschen mit falschen Erwartungen belasten.

Folgendes Szenario: Ein junger Mann findet zu Jesus und schließt sich daraufhin einer Gemeinde an. Er ist beeindruckt von der Liebe und Freude in dieser Gemeinde. Besonders angetan ist er vom Pastor, der ihm mit seinen feurigen Predigten jede Woche mehr Hunger nach Gottes Gegenwart macht. Er denkt sich: „Wenn ein Mann Gottes solche salbungsvollen Worte sprechen kann, dann muss er wohl ein äußerst heiliges Leben führen." Immer mehr wird ihm der Pastor zum Vorbild, er wünscht sich auch ein so geisterfülltes Leben. Doch eines Tages kommt der Schock. Er erfährt, dass der Pastor an Burn-out leidet und die letzten Monate kaum Zeit mit Gott verbracht hat. Mit einem Schlag ist das Ideal dahin. Der junge Christ sagt sich: „Das waren alles nur Worte. Dieses heilige, erfüllte Leben gibt es nicht in Wirklichkeit. Der Pastor hat es uns nur vorgemacht." Der junge Mann verschließt sein Herz. Er setzt sich zwar noch jede Woche im Gottesdienst in eine der hinteren Reihen, aber er lässt keine Erwartungen mehr zu. Sicher wird ihn jeder andere auch enttäuschen, wenn ihn der Pastor schon enttäuscht. Christsein ist wohl doch nur ein mühsames Vorantrotten, stellt er fest.

Seien wir ehrlich: Selbst wenn alles in Ordnung gewesen wäre, hätte der Pastor niemals die Erwartungen des jungen Mannes erfüllen können. Kein Mensch dieser Welt kann uns das perfekte Christsein vorleben. Sollen wir deshalb diese Erwartung aufgeben? Nein. Wir sollen sie auf die richtige Person ausrichten: Jesus. Er ist unser Vorbild. Er hat uns gezeigt, wie wir in Vollkommenheit auf dieser Welt leben können. Von ihm können und sollen wir alles erwarten. Er kann uns das Leben lehren, nach dem wir uns sehnen. Niemals wird er diese Erwartung enttäuschen.

Ein anderes Beispiel – es handelt von Ihnen. Mit Sicherheit hatten Sie als Kind jede Menge unbewusster Erwartungen an Ihren Vater. Sie wünschten sich, dass er Zeit für Sie hat, dass er Sie regelmäßig ermutigt, dass er Ihnen Sicherheit und Versorgung bietet und emotionale Zuwendung. Es ist ganz natürlich, dass wir diese Erwartungen haben.

Ebenso natürlich ist es, dass Ihr Vater nicht alle diese Erwartungen gänzlich erfüllt hat. Vielleicht haben Sie durch ihn vermittelt bekommen, dass ein Mann keine Gefühle zeigt. Vielleicht haben Sie sich als Kind nie angenommen gefühlt. Die Folge könnte sein, dass Sie beschlossen haben, nie mehr an einen guten Vater zu glauben, der alle Ihre Bedürfnisse stillen will. Ist es da verwunderlich, wenn es Ihnen schwerfällt, vom himmlischen Vater alles zu erwarten? Ist es nicht logisch, dass Sie skeptisch werden, wenn Sie hören, Gott wolle Sie mit Liebe überschütten?

Ein Mensch hat Sie enttäuscht. Er hat Ihnen nicht das gegeben, was Sie berechtigterweise von einem Vater erwartet haben. Doch dieses Versagen muss nicht zum ewigen Hindernis für Sie werden. Es gibt einen Weg, die Enttäuschung zurückzulassen.

1. Beginnen Sie damit, vor Jesus Ihr Herz auszuschütten (vgl. Psalm 62,9) und klagen Sie Jesus Ihren Schmerz und Jammer.

2. Benennen Sie Ihre Enttäuschung. Wenn Sie in einem Bereich Ihres Lebens resigniert haben, dann überlegen Sie, welche unerfüllte Erwartung wohl dafür verantwortlich ist. Da gibt es eine Vielzahl von Möglichkeiten:

   – Die eigenen Eltern haben uns nicht alles gegeben, was wir als Kinder gebraucht hätten.

   – Freunde haben uns – vielleicht im Überschwang – versprochen, immer für uns da zu sein. Als eine Krise kam, haben sie uns hängenlassen. Daraus haben wir gelernt: Es gibt keine echte Freundschaft in dieser Welt; wenn es drauf ankommt, muss jeder sich selbst durchschlagen.

   – Wir hatten überzogene Vorstellungen von Partnerschaft und Romantik – die Realität unserer Ehe sieht aber anders aus. Der erhoffte Traumprinz ent-

puppt sich als ganz normaler Mann mit Schweiß-
geruch und Marotten.

- Leiter und Pastoren haben charakterliche oder
geistliche Mängel offenbart, die wir nicht von ihnen erwartet hätten.
- Vielleicht sind wir sogar von „den Christen" im
Allgemeinen enttäuscht, weil wir zu häufig ein
heuchlerisches Verhalten in Gemeinden erlebt haben. Müsste bei Gottes Kindern nicht alles ganz
anders sein als in der Welt draußen?
- Immer wieder wurde uns auf Konferenzen und
Veranstaltungen Gottes übernatürliches Wirken
und eine baldige Erweckung angekündigt. Seit
Jahren warten wir darauf, aber nichts davon
scheint einzutreffen. „Alles nur Getöse", schließen
wir irgendwann.
- Schließlich können wir auch von Gott enttäuscht
sein. Ich denke an einen Mann, der enttäuscht war
von Gott, weil eines seiner Kinder starb. Er klagte
Gott an und wollte diese Anklage gegen Gott nicht
aufgeben. Er meinte, ein Recht darauf zu haben.
Immerhin war sein Groll alles, was er noch hatte …
- etc.

3. Gestehen Sie sich Ihre Enttäuschung ein und bringen
Sie sie vor Gott. Aber beschließen Sie vor allem, dass
Sie an der Enttäuschung nicht mehr festhalten wollen. Sprechen Sie zum Beispiel aus: „Ich bringe den
ganzen Berg aller meiner Enttäuschungen und Verletzungen unter dein Kreuz und gebe sie dort in den
Tod."

4. Vergeben Sie den Menschen, die Sie enttäuscht haben. Sprechen Sie vor Gott aus, dass Sie die betref-

fende Person aus Ihrer Erwartung entlassen. Jesaja 58,5-12 sagt: „Lass los, die du zu Unrecht gebunden hast" (LUT). Sie werden merken, dass Ihr Herz frei wird von Verbitterung und Verletzung, wenn Sie von Menschen nichts mehr einfordern.

5. Formulieren Sie nun noch einmal Ihre Erwartungen und richten Sie diese bewusst an Gott. Er wird sich darum kümmern. Das könnte etwa so lauten: „Herr, ich wurde zwar von meinem Vater enttäuscht, weil er mich zu selten in meinen Fähigkeiten bestätigt hat. Aber ich danke dir, dass du der perfekte Vater bist, der mich gerne bestätigt (vgl. Matthäus 17,5). Ich nehme deine Bestätigung an. Von nun an will ich immer zu dir kommen, wenn ich mich unsicher fühle."

Mit diesen Schritten können Sie ein neues Kapitel in Ihrem Leben aufschlagen und Gott als den guten Vater erkennen, der er wirklich ist. Sie nehmen ganz bewusst den Status eines geliebten Sohnes oder einer geliebten Tochter Gottes ein. Sie sind sehr wertvoll in seinen Augen. Es gibt keinen Bereich in Ihrem Leben, an dem er kein Interesse hätte. Er will Ihre Sehnsüchte stillen und er kann es besser als jeder Mensch auf dieser Welt.

Befreiung aus Selbstenttäuschung

Es gibt da noch einen Menschen, den wir von unseren Erwartungen befreien müssen.

Kennen Sie das? An Silvester nehmen Sie sich vor, im kommenden Jahr jede Woche zweimal zu joggen. Nach vier erfolgreichen Wochen suchen Sie erste Gründe, weshalb zweimal die Woche eigentlich gar nicht nötig wäre. Nach weiteren vier Wochen haben Sie Ihren

Vorsatz vergessen. Zum Jahresende blicken Sie zurück und stellen frustriert fest, dass Sie versagt haben.

Die fromme Variante: Sie kommen euphorisch von einer christlichen Freizeit nach Hause und beschließen, von nun an eine Stunde am Tag für Gott zu reservieren. Der Fernseher soll stattdessen ruhen. Das geschieht auch eine oder zwei Wochen lang. Dann kommt die Fußball-WM und Sie müssen eine „Ausnahme" machen. Schon bald führen Sie wieder Ihr gewohntes Leben.

Sind solche Vorsätze schlecht? Eigentlich nicht. Aber wir können durch sie abstumpfen. Wir legen Maßstäbe an uns an, die wir nicht halten können. So enttäuschen wir uns letztendlich selbst. Je häufiger das vorkommt, umso weniger glauben wir noch an uns. Wir gewöhnen uns daran, dass wir über ein bestimmtes Niveau nicht hinauskommen.

Das eigentliche Problem sind die Schlüsse, die wir aus unserem Versagen ziehen: Wir begehen ungewollt eine Sünde und kommen zu dem Schluss, dass wir eben unter der Macht der Sünde leben müssen. Wir verletzen einen anderen Menschen und kommen zu dem Schluss, dass wir beziehungsunfähig sind – also am besten keine Beziehungen mehr eingehen. Wir sind einmal zu feige, eine Aufgabe Gottes zu erfüllen und kommen zu dem Schluss, dass wir in unserer Berufung gescheitert sind.

Noch schlimmer kommt es, wenn die anderen Christen genau die Dinge erleben, die wir uns eigentlich von Gott wünschen. Sie berichten, wie sie die Herrlichkeit Gottes gespürt oder prophetische Eindrücke empfangen haben. Gott scheint jeden zu beschenken, nur *Sie* nicht. Das kann doch nur bedeuten, dass Gott Sie aufgegeben hat …

Wahrscheinlich sind wir selbst der Mensch, mit dem wir am ungnädigsten sind. Umso wichtiger sind die oben genannten Schritte. Sie werden nur frei, wenn Sie sich Ihr eigenes Versagen vergeben und die unbarmherzigen Erwartungen an sich selbst loslassen. Auch dafür ist Gott der richtige Ansprechpartner. Nicht *Sie* sind Ihr Erlöser, sondern *Jesus*. Nicht Ihr *Wille* ist Ihre Kraft, sondern der *Heilige Geist*. Nicht Sie *selbst* können sich Sicherheit schaffen, sondern nur der *Vater*.

Lügen des Teufels entlarven

Dann gibt es da noch jemanden, dem es überhaupt nicht gefällt, wenn wir in der Fülle Gottes leben – den Gegenspieler Gottes, den Teufel. Er ist mit nichts anderem beschäftigt als damit, uns von Gottes Segen abzuhalten. Immer wieder stellt er infrage, was wir glauben und tun. Er relativiert Gottes Reden (vgl. 1. Mose 3,1) und möchte uns zu einem Denken und Handeln verführen, das unabhängig von Gott ist. Sein liebstes Mittel hierfür ist ihm die Lüge. Er flüstert uns beispielsweise ein, dass wir gar nicht würdig seien, von Gott beschenkt zu werden. Oder er behauptet, wir hätten unsere Chance bei Gott schon vertan.

Eine schlimme Lüge des Teufels liegt darin, dass alle unsere Probleme angeblich von Gott gewollt seien. Und so kann er uns dazu bringen, Krankheiten zu akzeptieren, die wir eigentlich nicht haben müssten. Allergien sind ein typisches Beispiel dafür. Der Feind schickt uns zunächst Heuschnupfen-Symptome. Wir nehmen sie wahr und schenken ihnen Glauben. Durch unsere Worte bestätigen wir dann: „Ja, ich habe Heuschnupfen." Auf diese Weise können die Symptome in unserem Körper Fuß fassen und nach und nach um sich greifen. Im Extremfall reagieren wir schließlich auf fast alles allergisch. Nicht die Macht der Krankheit hat uns dann krank gemacht, sondern die pure Lüge des Teufels, der wir aufgesessen sind.

Paulus schreibt:

> *Denn alles, was Gott geschaffen hat, ist gut, und nichts ist verwerflich, wenn es mit Danksagung empfangen wird; denn es wird geheiligt durch Gottes Wort und Gebet.*
>
> *1. Timotheus 4,4-5*

Gott erschafft keine Krankheiten. Er hält nur Gutes für uns bereit.

Glücklicherweise sind wir den Listen des Teufels nicht wehrlos ausgeliefert. Wir können den Symptomen der Allergien im Namen Jesu befehlen, zu weichen und stattdessen gesunde Reaktionen herbeirufen. In Jesus liegt alle Heilung und das werden wir auch an unserem Körper erleben.

Wenn Jesus es zulässt, dass wir durch tiefe Täler von Krankheiten gehen müssen, dann werden sie uns zum „Quellgrund" (Psalm 84,6-8). Und wenn wir allergische Symptome durch Gebet entmachten, wird am Ende unser Glauben stärker sein.

Das gilt nicht nur für Krankheiten. Dass uns der Feind belügt, können und brauchen wir nicht verhindern. Entscheidend ist unsere Reaktion auf seine Lüge. Mit Jesus können wir jede Unwahrheit konfrontieren und damit ihre Wirkung entmachten.

Weitere Hindernisse

- Ein *sündiges Verhalten* kann dem Teufel Anrechte geben, uns zu schaden. Sünde ist Ungehorsam gegenüber Gott und bedeutet, dass wir nicht mehr von ihm abhängig sein wollen. Aber wir können unser Fehlverhalten immer und jederzeit Gott bekennen und ihn um Vergebung bitten. So verliert der Teufel seine Anrechte, uns zu berauben.

- *Unwissenheit* kann der Grund sein, weshalb wir nicht das Leben führen, das Gott eigentlich für uns vorgesehen hat. Es kann sein, dass wir einfach zu wenig über das Leben in Fülle gelehrt wurden. Gott klagt in Hosea 4,6: „Mein Volk geht zugrunde aus Mangel an Erkenntnis." Wir wissen also noch zu wenig, wer Jesus in uns ist und wer wir in Jesus sind – demzufolge haben wir unseren Auftrag und unsere Vollmacht noch nicht voll erkannt. Mit dem Lesen dieses Buches tun Sie einen Schritt aus diesem Dilemma. Aber Sie sollten sich damit nicht zufriedengeben. Informieren Sie sich weiter über das Thema und studieren Sie vor allem das Wort Gottes dazu.

- Es könnte sein, dass Sie sich über Ihre *Wiedergeburt nicht sicher* sind. Folglich werden Sie ständig von der Unsicherheit begleitet, ob Sie überhaupt ein Kind Gottes sind. Prüfen Sie selbst: Haben Sie Ihr Leben einmal vollständig unter die Herrschaft Gottes gestellt? Wenn Sie das nicht eindeutig bejahen können, dann wissen Sie den nächsten Schritt!

- Die *Angst vor Übertreibung und Anmaßung* kann uns vom vollen Segen Gottes abhalten. Die Gesellschaft (und leider auch viele Christen) fordert Ausgewogenheit und Toleranz und warnt vor allen Dingen, die extrem erscheinen. Das schüchtert uns ein, denn Gottes Fülle ist etwas Extremes. Jesus hat aber nie vor Übertreibung gewarnt. Er warnte vor Unglauben und Religiosität, also vor Worten ohne Kraft! Wem also wollen wir es recht machen: der Gesellschaft oder Jesus?

6. Wege zu einem erfüllten Leben

Der Überfluss aus Gottes Reichtum ist bereit, in Ihr Leben hineinzuströmen. Sie haben nach bestem Wissen und Gewissen die Hindernisse entfernt. Es kann sein, dass der Heilige Geist Ihnen bei der einen oder anderen Gelegenheit ein Hindernis zeigt, das Ihnen noch nicht aufgefallen ist. Aber es ist wichtig, dass Sie sich nicht im Aufspüren von Hindernissen verlieren. Es muss weitergehen: Die Schleusen zu Gottes Reichtum wollen geöffnet werden – und zwar von Ihnen.

Ich spreche hier von keiner großen Anstrengung. Zunächst müssen wir nur den Vater, Jesus und den Heiligen Geist um Hilfe bitten. Wenn wir dann ganz nah an Jesus bleiben und weiter alles bejahen und annehmen, was Jesus schon für uns erworben hat, dann hat das Leben in Fülle bereits begonnen.

> *Wenn ihr nun mit Christus auferweckt worden seid, so sucht das, was droben ist, wo der Christus ist, sitzend zur Rechten Gottes. Trachtet nach dem, was droben ist, nicht nach dem, was auf Erden ist; denn ihr seid gestorben, und euer Leben ist verborgen mit dem Christus in Gott.*
>
> *Kolosser 3,1-3*

Nach etwas „trachten" heißt: es begehren, sich danach ausstrecken, etwas wichtig nehmen, ihm Vorrang geben. Das ist das Einzige, bei dem *wir* gefordert sind. Wie kann das nun praktisch aussehen?

Unverschämtes Bitten

> *Bittet, so wird euch gegeben; sucht, so werdet ihr*
> *finden; klopft an, so wird euch aufgetan! Denn*
> *jeder, der bittet, empfängt; und wer sucht, der*
> *findet; und wer anklopft, dem wird aufgetan.*
>
> Lukas 11,9-10

So selbstverständlich es scheinen mag, so bedeutend ist dieses Werkzeug. „Bitten" heißt genau übersetzt: „herbeirufen, beanspruchen, einfordern, mit Entschiedenheit erwarten" – mit dem inneren Wissen: Mein liebevoller Papa ist gerne bereit, mir Gutes zu geben.

Ein etwa 40-jähriger Mann hatte seit Jahren sehr starke Schmerzen in den Knien. Bei der leichtesten Berührung schrie er auf. Es bereitete ihm schon große Schmerzen, überhaupt eine Hose zu tragen. Mehrere Operationen hatten die Erkrankung eher noch verschlimmert; die Ärzte waren am Ende ihrer Möglichkeiten. Schon oft hatten er selbst und andere Christen um Heilung gebetet, aber bis dahin hatte sich nichts verändert.

So gingen wir zusammen einmal mehr vor Gottes Thron und baten Jesus um Heilung und um ein erneuertes Knie. Nach dem Gebet forderten wir den Mann auf, hinzuknien. Das war für ihn aber völlig undenkbar. Nach einigem Zögern folgte er dann doch unserer Bitte. Zu seinem größten Erstaunen war das Knie völlig schmerzfrei! Voller Begeisterung rutschte er auf den Knien durch den ganzen Saal.

Natürlich hat dieses Erlebnis unseren Glauben an Heilung stark beflügelt. Es hat uns außerdem klargemacht: Im Himmel liegen alle Dinge bereit, die wir hier auf der Erde benötigen. Wir müssen unseren Vater nur darum *bitten*. Und ja, wir dürfen dabei so konkret wie nur möglich sein. Wenn wir ein gesundes Knie brauchen, dann bitten wir doch um ein solches. Wenn wir einen bestimmten Geldbetrag benötigen, dann beten wir nicht um irgendwelche Segnungen, sondern wir nennen Gott den Betrag.

> *Rufe mich an, so will ich dir antworten und dir große und unbegreifliche Dinge verkünden, die du nicht weißt.*
>
> Jeremia 33,3

Unser Bitten sollte allerdings nicht bei der aktuellen Not stehen bleiben, sondern noch weiter in Gottes Reichtum hineinreichen. Rufen Sie oft und inständig nach mehr, nach Größerem! Wenn es um Gottes Fülle geht, ist Bescheidenheit fehl am Platz. Seien Sie unverschämt und penetrant. Gott ist davon nicht genervt. Im Gegenteil. Er wäre eher enttäuscht, wenn Sie seinem Reichtum gegenüber nüchterne Gleichgültigkeit zeigten. Er will es sehen, dass Sie seine Geschenke unbedingt wollen. Und er hat versprochen, schnell zu geben und nicht mehr damit aufzuhören:

> *Siehe, es kommen Tage, spricht der Herr, da der Pflüger den Schnitter und der Traubenkelterer den Sämann ablösen wird. Dann werden die Berge von Most triefen und alle Hügel überfließen.*
>
> Amos 9,13

Sagen Sie vorher schon Danke

Paulus sagt, wir sollen alle unsere Bitten „mit Danksagung" vor ihn bringen (vgl. Philipper 4,6). Für uns klingt das zunächst befremdlich. Schließlich dankt man normalerweise erst, nachdem man etwas bekommen hat.

Der Dank hat aber auch eine andere Dimension. Er drückt unser Vertrauen aus, dass Gott die optimale Lösung hat. Etwa so: „Vater, ich danke dir, dass du mir einen wunderbaren Arbeitsplatz beschaffen wirst." Damit steht nicht das Problem im Vordergrund, sondern die Tatsache, dass Gott größer ist als jedes Problem. Wir können noch hinzufügen: „Ich bin gespannt, Herr, wie du diese menschlich ausweglos scheinende Situation lösen wirst."

Wir kannten eine liebevolle Frau, die immer positiv redete und voller Dankbarkeit war. Obwohl sie unter einem unheilbaren Herzschaden litt, kam kein negatives Wort aus ihrem Mund. Sie sagte immer: „Danke Herr, dass ich trotz des Herzproblems alles tun kann und ein gutes Leben habe."

Gott hat ihre Dankgebete erhört. Nach einem reichen und erfüllten Leben ist sie mit 88 Jahren zufrieden heimgegangen zu ihrem Herrn.

Sagen Sie dem Vater Danke. Danken Sie in jeder Situation für all das Gute, das er für Sie bereithält: für seine Liebe, seine Barmherzigkeit und seine Hilfe. Ihr Dank bewegt Gott zum Handeln:

> *Wer Dank opfert, der preiset mich, und da ist der Weg, dass ich ihm zeige das Heil Gottes.*
>
> *Psalm 50,23 (LUT)*

Bleiben Sie dran, auch wenn es im Moment noch gar nicht nach der Erfüllung Ihrer Erwartung aussieht. Sehen Sie sich in Ihrer Vorstellung schon als gesund. Wir haben erlebt, dass auf übernatürliche Weise neue Körperteile eingesetzt wurden – zum Beispiel neue Wirbel und neue Kniescheiben. Zuvor hatten wir „das, was nicht ist" (Römer 4,17), aus dem Himmel herbeigerufen.

Das gilt nicht nur für Heilungen: Denken Sie im Voraus daran, wie Ihre zerfahrene Ehe aussieht, nachdem Gott eingegriffen hat; wenn Sie sich einsam fühlen, dann sehen Sie sich jetzt schon umgeben von guten Freunden. Glauben Sie, dass Gott Ihnen bald Türen öffnen und neue Beziehungen schenken wird.

Machen Sie es sich zur Gewohnheit, in jeder Lebenssituation Ihrem Gott und Vater Dank zu sagen, also in jeder guten Situation und genauso in jeder schweren Phase:

Seid in allem dankbar; denn das ist der Wille Gottes in Christus Jesus für euch.
1. Thessalonicher 5,18

Wer Dank opfert, der preiset mich, und da ist der Weg, dass ich ihm zeige das Heil Gottes.
Psalm 50,23 (LUT)

Hüllen Sie alle Ihre Gebete in Anbetung und Dankbarkeit ein. Wenn Sie zum Beten zehn Minuten Zeit haben, beten Sie Gott acht Minuten lang an. In den übrigen zwei Minuten können Sie ihm Ihre Anliegen vortragen und Böses entmachten.

Die machtvolle Zunge

Bitten und Danken sind wichtige Zugänge zum Reichtum des Himmels. Wir können es aber noch etwas allgemeiner fassen: Alles, was Sie aussprechen, hat Einfluss darauf, wie stark Sie den Segen Gottes erleben.

Sprechen Sie die Sprache der Welt, der Probleme, des Unglaubens – oder sprechen Sie die Sprache des Glaubens? Was prägt Ihr Denken? Die Fülle Gottes oder Ihre Probleme und Ihr Mangel?

Weil Jesus in uns lebt, gibt es für alles eine gute, göttliche Lösung. Also sollten wir mit unserem Reden nicht so tun, als wäre es anders.

Alles ist möglich dem, der glaubt!

Markus 9,23

Ich vermag alles durch den, der mich stark macht, Christus.

Philipper 4,13

Dir geschehe, wie du geglaubt hast!

Matthäus 8,13

[Du bist] durch ein mündliches Versprechen gebunden, gefangen durch die Worte deines Mundes.

Sprüche 6,2

Diese Bibelstellen sind scharf und beinhalten klare Richtlinien für uns. Wir können es uns nicht erlauben zu jammern und Gott und unsere Umgebung anzuklagen. Weisen Sie Zweifeln und Resignation die Tür!

Nehmen Sie Ihre gegenwärtige Situation an — aber sprechen Sie über eine baldige göttliche Wendung.

Die Israeliten taten das nicht. Sie jammerten und murrten (4. Mose 14,2-3): „Ach, dass wir doch im Land Ägypten gestorben wären, oder noch in dieser Wüste sterben würden! Und warum führt uns der Herr in dieses Land, dass wir durch das Schwert fallen, und dass unsere Frauen und unsere kleinen Kinder zum Raub werden? Ist es nicht besser für uns, wenn wir wieder nach Ägypten zurückkehren?" Gottes Antwort darauf war (Vers 28): „Ich will genauso an euch handeln, wie ihr vor meinen Ohren geredet habt!"

Hätten die Israeliten das eher verstanden, dann hätten sie wohl jedes ihrer Worte genau bedacht.

> *Tod und Leben steht in der Gewalt der Zunge,*
> *und wer sie liebt, der wird ihre Frucht essen.*
> *Sprüche 18,21*

Wenn unsere Gedanken und unser Reden in Übereinstimmung sind mit dem, was das Wort Gottes sagt, dann werden sich die Zusagen des Wortes Gottes buchstäblich in unserem Leben erfüllen. Kurzum: Wir bekommen das, was wir sagen.

> *Und Jesus antwortete und sprach zu ihnen: Habt Glauben an Gott! Denn wahrlich, ich sage euch: Wenn jemand zu diesem Berg spricht: Hebe dich und wirf dich ins Meer! und in seinem Herzen nicht zweifelt, sondern* **glaubt, dass das, was er sagt, geschieht, so wird ihm zuteilwerden, was immer er sagt.**
> *Markus 11,22-23*

Freilich ruft Gott nicht dazu auf, Probleme zu leugnen. Aber Sie brauchen Gott nicht alle Berge Ihrer Probleme permanent zu beschreiben und zu erklären (Ihren Mitmenschen übrigens auch nicht). Versuchen Sie einmal, den Spieß umzudrehen: Sagen Sie Ihren Problembergen, wie mächtig Ihr Gott ist und befehlen Sie ihnen, sich hinwegzuheben!

Im Übrigen gilt das nicht nur für schwierige Situationen. Unser glaubensvolles Reden soll unsere gesamte Lebensperspektive ausdrücken. Entwickeln Sie, wie bereits angesprochen, eine Vision für sich selbst, für Ihre Gemeinde, für Ihr Umfeld, für Ihre Firma, für Ihre Stadt. Glauben Sie an Erweckung. Stellen Sie sich Gebetsnächte in gefüllten Stadien vor und reden Sie darüber. Teilen Sie Gott mit, worin Ihre Vision besteht – auch wenn das viel, viel größer ist als alles, was Sie sich bis jetzt vorstellen können. Wenngleich das simpel klingen mag, so bewegen Sie sich damit doch in Gottes übernatürlicher Welt.

Mit der Wahrheit siegen

Eine Frau war an Leberkrebs erkrankt und die Ärzte hatten ihr gesagt, sie würde das nicht überleben. Weil sie aber von Gott Großes erwartete, dankte sie dem Herrn immer wieder für ihre Heilung – obwohl sie davon nichts spürte. Beständig betete sie ihn an und erhob seinen Namen. Sie schaute weg von ihrer Krankheit und hin zu Jesus.

Immer wieder rief sie aus, wer Jesus in ihr war: „Jesus ist meine Kraft! Er ist mein Erretter und meine Gerechtigkeit! Jesus in mir schenkt mir ein erfülltes, langes Leben, ja, Jesus ist mein Leben! Jesus in mir ist mein Heiler, mein Arzt." Diese Liste wuchs und wuchs. Immer wieder fiel ihr ein neuer Aspekt ein, wer Jesus in ihr war.

Die zweite Runde ging dann an sie selbst: „In Jesus bin ich eine neue Kreatur, ein geliebtes Kind des Vaters, eine Botschafterin an Christi statt. Durch Jesus in mir bin ich eine starke Beterin, eine Frau des Glaubens, weil Jesu Glaube in mir wohnt. Ich bin erfüllt von seiner Liebe und kann sie auch weitergeben. Ich bin eine Friedensstifterin und weil Jesus mich getröstet hat, kann ich auch andere Menschen verstehen und trösten."

Dann, in der dritten Runde, sprach sie voll Glauben aus, dass die Berge der Krankheit von ihr weichen und sich ins Meer werfen müssten und auch: „Teufel, ich widerstehe dir! Geist von Leberkrebs, du wirst mich nicht umbringen! Ich werde wieder gesund werden und die Werke des Herrn verkündigen!" (nach *Markus 11,23* und *Jakobus 4,17* und *Psalm 118,7*).

Tag für Tag dankte sie Gott für ihre Heilung, von der sie allerdings noch immer nichts spürte. So verbrachte sie jeden Tag einige Stunden, monatelang. Schließlich, nach anhaltendem Beten und Preisen und Proklamieren ging der Leberkrebs zurück. Nach zwölf Monaten war sie völlig geheilt. Sie war eine Frau des Glaubens geworden und hatte gelernt, anhaltend zu beten und nicht aufzugeben. Vor allem aber hatte sie gelernt, die Wahrheiten Gottes zu ihrer Realität zu machen.

Wie geht es Ihnen in einer Notsituation? Sehen Sie nur die schwierigen Fakten unmittelbar vor Ihnen oder haben Sie Gottes mächtigen Verheißungen vor Augen?

Gott hat seinen Engeln befohlen, Sie zu behüten auf allen Ihren Wegen (vgl. Psalm 91,11). Glauben Sie das wirklich?

Vielleicht sagt Gott jetzt zu Ihnen: „Du bist lange genug um den Berg deiner Probleme herumgelaufen. Komm mit mir in eine neue Welt des Glaubens und der Gebetscrhörungen."

> *Es ist aber der Glaube eine feste Zuversicht auf das, was man hofft, eine Überzeugung von Tatsachen, die man nicht sieht.*
>
> *Hebräer 11,1*

Wir können noch so sehr beteuern, dass wir eben eher „realistisch denkende" Menschen sind; es führt kein Weg daran vorbei: ohne Glauben ist es unmöglich, Gott zu gefallen (vgl. Hebräer 11,6).

Viele Christen würden gerne glauben, wissen aber nicht recht, was sie im Detail glauben sollen. Das liegt eventuell daran, dass sie sich noch wenig mit Gottes Realität beschäftigt haben. Sie wissen allgemein, dass Gott gut ist, kennen aber nur wenige konkrete Zusagen Gottes. Da hilft nur eines: Lesen Sie Gottes Wort! Wappnen Sie sich mit biblischen Verheißungen! Füllen Sie Ihr Denken damit auf, sodass Sie in einer konkreten Situation die Wahrheit Gottes parat haben. Diese können Sie jedem Angriff entgegensetzen: „Es steht geschrieben …"

Nehmen wir zum Beispiel einige göttliche Zusagen aus Psalm 91. Wir lernen sie am besten auswendig. Dann können wir sie immer wieder Gott vorhalten als Aussage des Glaubens. So halten wir Gott, ebenso wie dem Teufel, die Tatsache vor, dass Gott mit uns einen

Bund geschlossen hat, uns zu schützen. Auch vor uns selbst sprechen wir diese Verheißung laut hörbar aus als Proklamation des Glaubens. Wir nehmen diesen Psalm für uns persönlich in Anspruch und sagen beispielsweise immer wieder und zwar möglichst laut:

> *Ich wohne im Schutz des Höchsten und ich bleibe im Schatten des Allmächtigen.*
> *Meine Zuflucht und meine Burg ist mein Gott, auf den ich fest vertraue!*
> *Er trägt mich in Zeiten der Not mit seinen Schwingen*
> *und ich finde Zuflucht unter seinen Flügeln.*
> *Ich fürchte mich nicht vor dem Schrecken der Nacht,*
> *auch nicht vor Pfeilen des Teufels*
> *und nicht vor plötzlichen Krankheiten und Seuchen.*
> *Der Herr ist mein Schutz und meine Abwehrkraft.*
> *Wenn auch tausend fallen zu meiner Seite und zehntausend zu meiner Rechten,*
> *so wird es doch mich nicht treffen.*
> *Denn ich sage: Der Herr ist meine Zuflucht,*
> *und es wird mir kein Unglück begegnen*
> *und keine Plage wird sich meinem Haus nähern.*
> *Engel werden mich beschützen auf allen meinen Wegen –*
> *sie tragen mich auf Händen, sodass ich bewahrt bin*
> *auf allen meinen Wegen.*
> *Ich hänge an Jesus und ich kenne seinen Namen,*
> *deshalb wird er mich retten und beschützen.*
> *Ich rufe den Herrn an und er antwortet mir,*

er ist bei mir in der Not und bringt mich zu Eh-
ren.
Er segnet mich mit langem Leben und lässt mich
sein Heil schauen.

Nach Psalm 91

Sie mögen skeptisch sein, ob das nun wirklich so Erfolg
versprechend ist wie ich behaupte. Aber wenn Sie ganz
ehrlich sind, dann können Sie in solch einem Gebet
doch unmöglich etwas finden, was Ihnen schadet. Das
Schöne am Wort Gottes ist, dass es nichts Falsches ent-
hält. Wir können also keinen Fehler begehen, wenn wir
es aussprechen. Umgekehrt ist der mögliche Gewinn
enorm groß. Deshalb empfehle ich Ihnen, es einfach
auszuprobieren. Überzeugen Sie sich selbst, welche
Auswirkungen die himmlischen Wahrheiten auf Ihr Leben haben.

Zeuge unseres eigenen Lebens

Durch Gottes Verheißungen holen wir seinen Segen aus
der Ewigkeit in die Gegenwart. Es gibt aber noch eine
andere Möglichkeit: Wir können den Segen Gottes auch
aus der Vergangenheit in die Gegenwart holen. Darin liegt eine Kraft, die wir nicht unterschätzen sollten.
Es ist die Kraft unseres Zeugnisses (vgl. Offenbarung
12,11).

Ich meine damit nicht nur einen Bericht vor der Gemeinde über unser letztes Erlebnis mit Gott. Ein Zeug-
nis beginnt zunächst einmal in unserem Innern und
bleibt lebendig, wenn wir uns immer wieder in Erinne-

rung rufen, welche Siege wir schon mit Gott erlebt haben.

Lobe den Herrn, meine Seele, und vergiss nicht, was er dir Gutes getan hat!

Psalm 103,2

Unsere Entscheidung ist gefordert, uns ständig an das zu erinnern, was Gott zu biblischen Zeiten und in unserem eigenen Leben schon getan hat. Wenn wir ihm danken für das Gute in unserem Leben, ehren wir ihn und so öffnet sich der Himmel für weitere Segnungen. Auf diese Weise werden Sie zum Zeugen Ihres eigenen Lebens vor Gott. Wissen Sie was: Er wird es wieder tun!

Wenn Sie in einer Beziehungskrise stecken, dann denken Sie an Zeiten, in denen Ihnen Gott einen wichtigen Menschen geschenkt hat. Tun Sie das nicht als längst überholte Vergangenheit ab! Nehmen Sie vielmehr genau diese positiven Erlebnisse und preisen Sie Gott dafür, dass er Sie damals so reich beschenkt hat. Sie werden merken, wie sich Ihre aktuelle Situation relativiert. Denn Sie werden sich sagen: „Wenn Gott das damals hingekriegt hat, dann wird er es auch jetzt schaffen." Ihr Glaube wird stärker – und wie bereits erläutert, hat unser Glaube großen Einfluss.

7. Die tägliche Entscheidung

Wie beginnt Ihr Tag?

Eine sehr persönliche Frage: Was denken Sie als Erstes nach dem Aufwachen?

„Immer noch Rückenschmerzen. Neben mir die unzufriedene Ehefrau. Da ist immer noch der riesige Schuldenberg. Nachher treffe ich die unausstehlichen Kollegen. Und überhaupt: Das Kaffeepulver ist alle." Ein wunderbarer Start in den Tag, finden Sie nicht auch …?

Klar, Sie haben schon für all das gebetet, aber von einem Leben in Fülle ist weit und breit nichts zu sehen. Wahrscheinlich erleben das nur andere, aber Sie nicht. Also quälen Sie sich in den Tag hinein und hoffen, dass Gott in seiner Gnade vielleicht doch eines Tages einen Segensbrocken auf Sie abwirft.

Mit einer solchen Lebenseinstellung halten wir Gottes Segen für etwas Punktuelles, ein Sonderereignis, das einem vielleicht im Gottesdienst oder in einer intensiven Gebetszeit widerfahren kann oder beim Lesen eines Buches wie diesem. Der Standard ist aber ein trister, problembehafteter Alltag …

Wenn wir diese Einstellung aufrechterhalten, wird sich ein erfülltes Leben nie bei uns etablieren können. Was ist das für ein Vater, der seinen Kindern nur gelegentlich Gutes tut! Ich glaube an einen Gott, der uns rundum versorgt und dessen Reichtum uns immer zur Verfügung steht. Also ist *jeder* Tag ein Tag des Segens.

Die Bibel ist hierin eindeutig. Unser altes, sorgenvolles Wesen ist gestorben und wir sind zu einem Menschen geworden, der mehr und mehr erneuert und geheiligt wird (vgl. Epheser 4,24). Der Friede Gottes regiert in unserem Herzen (vgl. Philipper 4,7).

Die Frage ist also: Was bestimmt unser Leben im tiefsten Grund? Sind es die Umstände und Tatsachen dieser natürlichen, gefallenen Welt, unsere Sorgen, Schmerzen und Ängste – oder erleben wir aufgrund der Wahrheit von Gottes Zusagen die erneuernde Kraft der übernatürlichen Welt?

Die Bibel fordert uns oft zu Willensentscheidungen auf; diese Entscheidungen sind immer von lebenswichtiger Bedeutung. Wir sind aufgefordert, uns für Gottes Wahrheit zu entscheiden. Ob jemand daran glaubt, zeigt sich an seinem Denken, seinem Sprechen und Handeln. Leben wir, als wäre das wahr, was die Bibel sagt? Leben wir unserem Glauben gemäß? Rechnen wir mit unserem reichen Erbe? Kennen wir die Vollmacht, die Jesus uns gegeben hat?

> *Wir aber haben nicht den Geist der Welt empfangen, sondern den Geist, der aus Gott ist, so dass wir wissen können, was uns von Gott geschenkt ist; und davon reden wir auch, nicht in Worten, die von menschlicher Weisheit gelehrt sind, sondern in solchen, die vom Heiligen Geist gelehrt sind, indem wir Geistliches geistlich erklären.*
> *1. Korinther 2,12-14*

Wenn wir das glauben, stehen wir morgens mit einer ganz anderen Haltung auf. Wir beginnen den Tag mit der gespannten Erwartung, was Gott uns wohl heute sagt und zeigt. „Danke, Herr, für diesen neuen Tag! Danke, dass du diese Nacht über mir gewacht hast. Ich freue mich, dass deine Liebe mich jetzt schon umgibt und deine Kraft mich erfüllt für jede Aufgabe. Lass uns zusammen Kaffee trinken."

Wer den Tag so beginnt, wird andere Erfahrungen machen als ein Mensch, der sich gleich in den Sumpf der Sorgen begibt. Stellen Sie die Weiche richtig!

Ein Tag voller Entscheidungen

Wenn Sie nach dem Lesen dieses Buches eine Entscheidung treffen, dass Sie von nun an die ganze Fülle Gottes erwarten wollen, dann ist das ein guter Anfang. Ich kann Ihnen aber jetzt schon ankündigen, dass Sie diese Entscheidung noch sehr oft werden treffen müssen. Ob Sie im Sieg oder in der Niederlage leben wollen, ist im Grunde eine permanente Entscheidung.

Bei all den Ereignissen und Eindrücken Ihres Alltags werden Sie sich immer wieder fragen müssen: Auf wen höre ich? Wem gebe ich mein Denken, mein Sprechen, meine Aufmerksamkeit und mein Herz? Wovon bin ich erfüllt?

> *Mein Sohn, achte auf meine Worte, neige dein Ohr zu meinen Reden! Lass sie nie von deinen Augen weichen, bewahre sie im Innersten deines Herzens! Denn sie sind das Leben denen, die sie finden, und heilsam ihrem ganzen Leib. Mehr als alles andere behüte dein Herz; denn von ihm geht das Leben aus.*
>
> *Sprüche 4,20-23*

Als Josua vor der schwierigen Aufgabe stand, das Verheißene Land einzunehmen, sagte Gott zu ihm (und das sagt er auch zu jedem von uns):

> *Habe ich dir nicht geboten, dass du stark und mutig sein sollst? Sei unerschrocken und sei nicht verzagt; denn der Herr, dein Gott, ist mit dir überall, wo du hingehst!*
>
> *Josua 1,9*

Es geht um eine Entscheidung. Sie selbst haben es in der Hand, ob Sie im Sieg oder in der Niederlage, im Fluch oder im Segen leben werden:

> *Ich rufe heute den Himmel und die Erde als Zeugen gegen euch auf: Das Leben und den Tod habe ich dir vorgelegt, den Segen und den Fluch! So wähle das Leben, damit du lebst, du und deine Nachkommen.*
>
> *5. Mose 30,19 (ELB)*

Wir alle wissen, wie man in dieser natürlichen Welt lebt. Man lässt einfach die Dinge auf sich zukommen. Ist es nicht eine verbreitete Mentalität geworden, sich vom Leben berieseln zu lassen? Haben nicht viele Menschen das Gefühl, dass sie gelebt werden? Doch das Leben im Übernatürlichen, das Leben im Glauben, will bewusst bejaht und ergriffen werden. Es widerfährt uns nicht einfach, denn dafür ist es Gott zu kostbar. Gott will, dass wir aktiv sind, er will unsere Aufmerksamkeit.

Die Frage könnte auch lauten: Worauf schaue ich? Schaue ich wie Petrus auf die Wogen und Wellen, auf die Schwierigkeiten, auf meinen Mangel – oder auf Jesus und seine Möglichkeiten?

> *Indem wir das Ebenbild des Herrn anschauen, wird unser ganzes Wesen so umgestaltet, dass wir ihm immer ähnlicher werden.*
>
> *2. Korinther 3,18 (NGÜ)*

Worin liegt nun der Unterschied zwischen den beiden Seiten, für die wir uns entscheiden können? Es ist ein bisschen wie mit den beiden Bäumen im Paradies. Da gibt es den Baum der Erkenntnis von Gut und Böse, der uns den Tod bringt – und da gibt es den Baum des Lebens. Schauen wir uns einige Merkmale dieser beiden Bäume an:

Baum der Erkenntnis von Gut und Böse:	Baum des Lebens:
Unsicherheit, Angst, Gefühl von Vaterlosigkeit, von Sorgen geplagt, *unter* den Umständen	Jesus in mir, ich bin voller Glaubenszusagen, voller Vertrauen zum Vater, in jeder Situation dankbar, ohne Sorgen, ich rechne mit Gottes guten und übernatürlichen Lösungen, *über* den Umständen
Druck, ständiger Stress, Getriebensein, Diktat des „Alles-oder-nichts", leistungsorientiert, Men-	Innere Ruhe und Gelassenheit, geführt, inspiriert und getragen von Gott, frei von Ich-Bezogenheit

schenfurcht, Armut und Mangel, Burn-out-Gefahr	und Leistungszwang, stets Gutes denken und aussprechen, Dankbarkeit, ich erwarte Engelshilfe, Wunder und Heilungen, göttliche Weisheit
Minderwertigkeit, Selbstablehnung, Selbsthass, unbewusste Selbstzerstörung (Symptome dafür sind z. B. Lupus, Diabetes und andere Autoimmunerkrankungen), negative Gedanken, Befürchtungen, Zweifel	Wissen, wer ich in Jesus bin, Reden ist geprägt von der Identität in Jesus: Priester und König, ausgestattet mit Vollmacht, berufen zu regieren, stark im Herrn, Kopf sein und nicht Schwanz … Sprache des Glaubens, ständig bemüht, gute Saat zu säen: gute Worte, Liebe, Hilfeleistung, Weisheit, Heilungen, ich achte auf das Wohlergehen meiner Mitmenschen und auf mein eigenes
Bitterkeit, Enttäuschungen, Anklage, Ärger, nicht vergeben wollen, baden im Elend, Verletzungen konservieren, sich schnell abgelehnt fühlen, von negativen Kräften beherrscht, geprägt von schlechtem Vorfahrenerbe, Todesgedanken	Willig zur Umkehr, zur Vergebung, ich entmachte negative Erinnerungen und Festlegungen unter dem Kreuz, lasse Enttäuschungen los, ich entmachte negatives Vorfahrenerbe und Flüche, ich ergreife Gottes Gnade und Liebe, bin geleitet vom

	Heiligen Geist, ich bestä-tige und ehre andere, ich kultiviere mein inneres Zeugnis von Jesus, ich trachte nach den Früchten und Gaben des Geistes

Von welchem Baum wollen *Sie* essen?

Jede kleine Herausforderung stellt uns vor die Ent-scheidung, ob wir uns verunsichern und nach unten zie-hen lassen oder ob unser innerer Mensch aufsteht und mit Jesus in uns voll Glauben einen weiteren Sieg errin-gen wird. Paulus ruft uns zu:

> *Gott aber sei Dank, der uns den Sieg gibt durch*
> *unseren Herrn Jesus Christus!*
>
> *1. Korinther 15,57*

Ich habe mich entschieden: Mit meinem ganzen Leben und mit all meiner Kraft will ich nach den Früchten des Baumes des Lebens greifen. Ich will mich durch nichts mehr davon abbringen lassen.

Wenn der Geist das Sagen hat

Es lohnt sich, die Zusammenhänge noch etwas detail-lierter zu betrachten. Die Möglichkeit der Entscheidung ist tief in Ihrem Innern angelegt. Sie besitzen wie jeder Mensch eine Seele. Sie besteht aus Ihrem Verstand, Ih-ren Gefühlen, Ihrem Willen. Die meisten Menschen treffen ihre Entscheidungen aus der Seele heraus. Damit landen sie wie Adam und Eva beim Baum der Erkenntnis.

Als Kind Gottes haben Sie aber auch einen erweckten Geist. Ihr Geist ist die Instanz, die eine Verbindung zu Gottes Welt herstellt. Nur Ihr Geist kann Gott erkennen und sein Reden wahrnehmen. Während Ihre Seele möglichst unabhängig von Gott agieren will, möchte der Geist den Willen Gottes tun.

Die eigentliche tägliche Entscheidung liegt also darin: Bekommt unsere Seele oder unser Geist das Sagen?

Wenn wir die Fülle Gottes erleben wollen, darf nicht mehr unser Verstand auf dem alles bestimmenden Thron sitzen, sondern unser Geist, der inspiriert wird vom Vater, von Jesus, vom Heiligen Geist und vom Wort Gottes. Das erfüllende Leben Jesu soll durch unseren Geist alle Bereiche unseres Lebens prägen und bestimmen. Das heißt nicht, dass unser Verstand damit ausgeschaltet wird. Vielmehr soll er sich dem Geist unterordnen und dadurch seine eigentliche Bestimmung erfüllen. Gleiches gilt für unsere Emotionen.

Freilich ist es ein Weg dahin. Unser Geist muss wachsen. Das ist nun unser Teil. Wir stärken unseren Geist, indem wir ihm ständig Verheißungen der Bibel zusprechen, Segnungen und göttliche Kräfte. Wir sagen zum Beispiel: „In Jesus wohnt die ganze göttliche Fülle und du, mein lieber Geist, sollst von dieser Fülle nehmen. Du sollst mehr und mehr die gleichen Werke tun wie Jesus" (vgl. Kolosser 2,9-10; Johannes 14,12).

Unser so gesegneter Geist, der erfüllt ist von Liebe, Weisheit, Kraft und allem, was uns die Bibel sonst verspricht, gibt diese wunderbaren Schätze an unsere Seele weiter. Wenn unser Wille, unser Verstand und unsere Gefühle davon durchdrungen sind, fließt dieser Segen

Gottes weiter in unseren Körper hinein. Unser bisheriges, seelisch bestimmtes Leben wird dann zunehmend von unserem neuen Leben aus dem Geist überlagert, der seinerseits inspiriert wird vom Heiligen Geist.

Sie werden merken, dass alle Bestandteile Ihres Wesens ihren Platz finden und Sie immer seltener ins Grübeln kommen, für welche Seite Sie sich entscheiden. Das Leben aus Gottes Fülle wird zu Ihrem neuen Standard.

8. Aushalten und kämpfen

Ich bin überzeugt von allem, was ich bislang gesagt habe. Dennoch predige ich keinen Perfektionismus. Ich gehe vom Bestmöglichen aus und das sollten wir auch anstreben. Doch es wäre unehrlich zu behaupten, dass von einem Tag auf den anderen alle Dinge vollkommen sind. Das würde unserem menschlichen Wesen nicht entsprechen. Wir sind so angelegt, dass wir trainieren müssen, um etwas Neues zu etablieren.

Gott weiß, dass unser Glaube entwicklungsbedürftig ist. Und ein guter Vater freut sich, wenn seine Kinder sich weiterentwickeln und dazulernen. Deshalb hat er auch kein Problem mit unserer Unvollkommenheit. Auch David hatte noch Schwächen und Sünden und doch machte Gott ihn zu einem Mann nach seinem Herzen und ließ ihn von Sieg zu Sieg gehen. Vielleicht ist gerade unser menschliches Versagen häufig ein guter Ausgangspunkt für Gottes Wirken.

Krisen als guter Boden für Gottes Segen

Trotz aller Autorität, die Gott uns gegeben hat, lässt er auch zu, dass wir Probleme erleben. Er hat eine Absicht damit: Er möchte, dass wir im glaubensvollen Umgang mit Problemen sein übernatürliches Eingreifen erleben. Biblische Beispiele dafür sind die Speisung der Fünftausend und die anschließende Seenot der Jünger. In beiden Fällen hat Gott nicht das Problem verhindert, sondern Jesus konnte inmitten dieser Probleme Gottes Macht demonstrieren. Hinterher fragte Jesus die Jünger: „Habt ihr noch keinen Glauben?"

Eventuell führt Gott Sie zurzeit durch große Schwierigkeiten. Ihre Probleme sind nicht dumme Zufälle, sondern Gott möchte Sie vorbereiten auf das, was er für Sie geplant hat. Sehen Sie Ihre Schwierigkeiten als Lernfeld, als Glaubensprojekt. Je bereitwilliger Sie auch die schwierigen Wege mitgehen, sie dankbar annehmen und die Lektionen lernen, die Gott für Sie bereithält, umso schneller wird sich alles zum Guten wenden.

Vielleicht fragen Sie sich, was bei Ihren Schwierigkeiten schon Gutes herauskommen soll. Nun, Ihr Charakter wird positiv verändert. Sie lernen Ihre Glaubenslektionen; Sie lernen, in Geduld durchzuhalten. Sie werden fragend und offen, sodass Gott mit Ihnen über seine Pläne sprechen kann. Sie lernen, nicht mehr sich selbst zu helfen, sondern Gottes Gnade anzunehmen. Gott führt Sie sozusagen zur Kapitulation, nach der Sie dann alles von Jesus erwarten. Haben Sie zuvor gemurrt, sich entrüstet oder rebelliert, so werden Sie nunmehr in Liebe, Demut, Glauben, Dankbarkeit und Gehorsam leben. So kommen Sie aus der Falle des Jammerns und der Vorwürfe heraus und hinein in die von Gott schon vorbereiteten Segnungen.

Gefährlich sind Schwierigkeiten nur dann, wenn wir unser Herz von Gott abwenden; wenn wir seine Versprechen relativieren und unsere Erwartungen an ihn zurückschrauben. Dann hätten wir tatsächlich den Segen verspielt, den Krisen in unserem Leben auslösen können.

Je schwieriger Ihre aktuelle Situation ist, umso schärfer sollten Sie jeden Zweifel angehen. Schließen Sie die

Tür für Misstrauen. Verlieren Sie nicht den Glauben, dass Gott es immer noch gut mit Ihnen meint. Wir haben schon in aussichtslos scheinenden Situationen unerwartete Geldgeschenke erhalten oder tragenden Trost in großer seelischer Not erfahren. Das erlebten wir insbesondere beim Tod unserer beiden Söhne. Gott ließ uns nicht mit unserem Schmerz allein. Sicher war Trauer in dieser Zeit ein wichtiger Bestandteil. Aber wir lernten auch: Wenn wir selbst in der schlimmsten Zeit dankbar sind, dann drückt das unser Vertrauen zu Gott aus, der denen, die ihn lieben, jede Situation zum Guten wenden wird (Römer 8,28).

Deshalb sagt das Wort Gottes (und das ist auch meine Empfehlung), dass wir immer Ja sagen sollen zu den Wegen, die Gott uns zumutet – auch wenn wir sie nicht verstehen.

Gehe, wohin Gott dich ruft

Vor vielen Jahren hatte ich eine feste Anstellung mit einem sehr guten Gehalt. Dann sagte Gott eines Tages, dass ich meinen Beruf verlassen und mich ihm ganz zur Verfügung stehen solle. Über unsere finanzielle Situation sollten wir aber mit niemandem reden, sondern unsere Versorgung nur von ihm erwarten. Sie können sich vorstellen, dass das für einen Familienvater eine große Herausforderung darstellt. Glücklicherweise bin ich auf Gottes Wunsch eingegangen. Seither haben wir buchstäblich aus Gottes Fülle gelebt. 16 Jahre lang hat uns Gott ohne festes Gehalt reichlich versorgt.

Weshalb erzähle ich das? Nun, ich denke, dass jeder Christ in der einen oder anderen Weise vor solche Entscheidungen gestellt wird. Gott zeigt Ihnen, was er sich von Ihnen wünscht, Sie aber müssen darauf reagieren. Und nicht selten ist Gottes Weg der zunächst unangenehmere. Es braucht Ihr ganzes Vertrauen und Ihren ganzen Gehorsam, ihn einzuschlagen.

Doch ich glaube, solche Entscheidungen können eine wichtige Schaltstelle für unser Leben werden. Christen, die aus Furcht beschließen, Gott nicht gehorsam zu sein, blockieren seinen Segen. Sie wundern sich, weshalb es in ihrem Glaubensleben nicht vorangeht und dabei hat Gott ihnen schon längst den Weg des Segens gezeigt. Sie bräuchten nur den Mut, ihn einzuschlagen.

Immer wieder betonte Jesus, dass Nachfolge und Dienstbereitschaft mit einer Grundsatzentscheidung beginnt, die unsere ganze Person umfasst. Von dieser Grundsatzentscheidung sprach Paulus, als er schrieb: „Nicht mehr ich lebe, sondern Jesus lebt in mir" (Galater 2,20). Jesus nachzufolgen, sein Jünger zu sein kostet etwas. Der Preis ist, dass wir ganz von Jesus und von der Kraft Gottes abhängig werden, dass wir aus der Wahrheit des Wortes Gottes heraus leben. Diese Nachfolge hat aber auch einen großen Lohn: Leben in Fülle.

Deshalb seien Sie auch bereit, ein Leben zu führen, das dem Wesen und den Ordnungen Gottes entspricht. Machen Sie es sich zum Lebensstil, immer positiv, aufbauend, glaubensvoll zu denken und zu sprechen. Sie erlauben sich keine Unehrlichkeit, keine Grauzonen mehr. Lassen Sie sich nicht auf die Verlockungen dieser Welt ein. Und wenn Gott zu Ihnen spricht, dann ist es Ehrensache, ihm zu gehorchen.

Denken Sie einmal zurück: Haben Sie sich bewusst dafür entschieden, Jesus die Führung zu überlassen? Gab es Momente, in denen Sie wählen mussten zwischen Gottes Weg und Ihrem eigenen? Wie haben Sie sich entschieden?

Fest steht: Es ist noch immer nicht zu spät, den Weg Gottes einzuschlagen!

Es wird nicht bequem sein

Lassen Sie mich noch kurz über ein paar Widerstände sprechen, die Sie auf dem Weg Gottes erwarten könnten.

Wenn Sie Gott gehorsam sind, werden Sie damit nicht bei allen Menschen auf Verständnis stoßen. Manche werden Sie bewundern, ja, aber andere werden Sie verspotten oder sogar verfolgen. Ein berühmter jüdischer Gelehrter namens Paulus musste ganz schön einstecken, nachdem er sich dieser sogenannten „Sekte der Christen" angeschlossen hatte. Obwohl er Großes für Gott bewegte, war er doch gesellschaftlich ein Außenseiter geworden. Die Zahl seiner Gegner war deutlich angestiegen, sein Kampfgeist war mehr denn je gefordert. Und doch konnte er allen Ernstes über sein altes Leben sagen:

> *Wahrlich, ich achte alles für Schaden gegenüber der alles übertreffenden Erkenntnis Christi Jesu, meines Herrn, um dessentwillen ich alles eingebüßt habe; und ich achte es für Dreck, damit ich Christus gewinne.*
>
> *Philipper 3,8*

Von Paulus können wir lernen, innerlich fest, zuversichtlich und voller Freude zu bleiben – als Kind eines wunderbaren Vaters. Wir können lernen, völlig auf Jesus bezogen zu sein und ihm immer alle Ehre zu geben. So leben wir nicht mehr unser Leben, sondern das Leben Jesu in uns.

Eine andere Form des Widerstandes liegt auf geistlicher Ebene. Jesus hat zwar die Mächte und Gewalten ihrer Macht beraubt, aber oft agieren sie wie Partisanen unerlaubt weiter. Sie belasten Menschen mit Krankheiten, sie zerstören Ehen und Gemeinden, sie verursachen Unfälle und wirken in vielfältiger Weise zerstörend.

Freilich, durch Fehlverhalten und Sünde können wir ihnen ein Anrecht geben, auch uns anzugreifen. Für diese Sünden können wir aber um Vergebung bitten und damit den Mächten die Anrechte wegnehmen.

Trotzdem sind wir zusätzlich aufgefordert, die uns von Jesus gegebene Vollmacht einzusetzen und im Namen Jesu Christi die Feinde zu binden und ihnen zu gebieten, unter die Herrschaft Jesu zu gehen. Manche Dinge geschehen eben nicht von allein, sondern bedürfen unseres Einsatzes.

Der sollte jedoch nicht wahllos sein. Wir müssen unseren Autoritätsrahmen kennen. In Familien haben Väter und Mütter volle Autorität, über Gemeinden Älteste, Pastoren und Leiter, über Städte die geistlichen Leiter und Führungspersonen.

Darüber gäbe es noch eine Menge zu sagen. Was ich aber in erster Linie zeigen möchte, ist die Tatsache, dass unser Leben niemals ohne Kämpfe auskommen wird. Manche Siege müssen errungen und dann auch verteidigt werden. Wer glaubt, mit dem überfließenden Leben Gottes würde ein Urlaubs-Christsein beginnen, der hat die Zusammenhänge nicht verstanden. Lassen wir zusammenfassend noch einmal den äußerst glaubwürdigen Zeugen Paulus sprechen:

> *Aber nicht nur das, sondern wir rühmen uns auch in den Bedrängnissen, weil wir wissen, dass die Bedrängnis standhaftes Ausharren bewirkt, das standhafte Ausharren aber Bewährung, die Bewährung aber Hoffnung; die Hoffnung aber lässt nicht zuschanden werden; denn die Liebe Gottes ist ausgegossen in unsere Herzen durch den Heiligen Geist, der uns gegeben worden ist.*
>
> *Römer 5,3-5*

9. Ausblick

Eine Welt voller Probleme

Fest steht, dass Gott die Kontrolle behält und sein Reich bauen wird. Kein Problem dieser Welt kann daran etwas ändern. Dennoch tun wir als Gottes Botschafter gut daran, uns auf die Probleme einzustellen, die auf die Welt und die Christenheit zukommen können.

Welche Probleme deuten sich an?

– Die weltweite Finanzkrise ist noch nicht überstanden; der Götze Mammon gibt sich nicht geschlagen. Es gab bei den Schuldigen noch keine echte Einsicht, von Umkehr ganz zu schweigen.
– Unkontrollierbare Krankheiten, Seuchen, Epidemien könnten die Welt überfluten. Vogelgrippe und Schweinegrippe waren zwar nur Schreckschüsse, lassen uns aber erahnen, was alles möglich wäre.
– Terrorismus und religiöser Fanatismus, islamistische Weltherrschaftsbestrebungen könnten an vielen Orten aus dem Ruder laufen und unkontrollierbar werden.
– Mehr und mehr werden Sünde, Unreinheit und Bosheit zur Norm gemacht und sogar als gut oder erstrebenswert bezeichnet. Biblische Ordnungen und Werte dagegen gelten als fundamentalistisch und wer sie vertritt, wird ausgegrenzt. Inzwischen ist es in einigen Ländern strafbar, die biblische Sicht zu Homosexualität aufzuzeigen.

Schon jetzt zeichnet sich ab: Bewusste Christen, die sich für biblische Werte und Ordnungen einsetzen und durch ihr Verhalten und ihr Gebet ein großer Segen für das Land sind, werden als Fundamentalisten gebrandmarkt. Es könnte durchaus sein, dass sie bald aktiv verfolgt werden. Jesus hat uns schon vorausgesagt, dass wir, seine Jünger, auch so behandelt werden, wie er selbst behandelt wurde (vgl. Johannes 15,20).

Aber in genau solchen Zeiten der Verfolgung baut Gott sein Reich, das haben wir schon oft gesehen. Gott wird sich gerade dann verherrlichen, wenn es rein menschlich betrachtet hoffnungslos aussieht.

Eine neue Generation von Christen

Das sind die äußeren Fakten – die hören sich in der Tat negativ an. Man kann jedoch beobachten, dass Christen, die ihr Christsein ernst nehmen, zunehmend aus der Vaterlosigkeit und damit aus der Waisen- und Sklavenmentalität herausfinden. Sie finden heim in die liebenden und heilenden Arme des Vaters. Als geliebte Söhne und Töchter ist ihr Leben nicht mehr bestimmt von Mangel und Angst, sondern sie haben einen festen Stand und weisen ein gesundes geistliches Selbstbewusstsein auf. Sie sind sich ihres inneren Wertes und ihrer Autorität bewusst. Das Leben in Fülle, von dem ich gesprochen habe, wird von immer mehr Menschen entdeckt und praktiziert.

Viele Christen dieser neuen Generation sind nach Toronto oder nach Florida gereist, als man von dem starken Wirken des Heiligen Geistes dort hörte. Jetzt gehen sie vielleicht zu Bill Johnson nach Redding in Kalifornien. Man wirft ihnen gerne Event-Sucht vor. Ich aber bin der Meinung: Diese Christen sind wild entschlossen. Sie sind schlicht und ergreifend hungrig nach mehr von Gott. Wie Rennpferde vor dem Start sind sie voll großer Erwartung nach mehr vom Heiligen Geist. Daran sehe ich nichts Schlechtes.

Das ist ein ganz anderes Szenario, als wir es vor Jahren auf vielen Veranstaltungen sahen. Damals wurde noch skeptisch diskutiert und es waren gelangweilte, müde Gesichter zu sehen. Nein, diese von Leidenschaft für Jesus erfüllten Menschen unserer Tage sind voller Entschlossenheit, die Geschenke des Heiligen Geistes zu suchen, für sich zu nehmen und sich in das Reich Gottes zu investieren. Sie fragen nach ihrer Berufung und gehen selbstlos darin auf. Sie wollen nicht mehr ihr eigenes Königreich bauen, sondern sie trachten nach dem Reich Gottes.

Deshalb haben sie auch keine Angst mehr vor endzeitlichen Einbrüchen, sondern sie sehen ihr Erbe: Ganze Städte und Nationen werden gläubig. Sie erwarten geistliche Aufbrüche, Erweckungen, starkes Eingreifen Gottes, Bewegungen des Heiligen Geistes – viel mehr als schlimme Ereignisse, Islamisierung und Epidemien. Sie erwarten und sehen, wie Christen in hohe, einflussreiche Positionen berufen werden. Ihr Blick ist ausgerichtet auf einen allmächtigen Gott. Je dunkler es wird in der Welt, umso heller und deutlicher wird Gottes Herrlichkeit über den Völkern sichtbar. Dadurch werden viele Menschen zum Herrn kommen (so erfüllt sich Jesaja 60,1-5).

In Firmen und weltlichen Institutionen könnten ganz neue Formen von christlichen Gemeinden entstehen und dort starke Änderungen bewirken. Diese neuen, fa-

milienähnlichen Gemeinden in allen Gesellschafts-
schichten werden sich mit großer Flexibilität dem Wirken des Heiligen Geistes anpassen können.

Rebellische, selbstzentrierte und bequeme Christen
dagegen passen nicht mehr zu diesem neuen Typ von
Jüngern, die täglich etwas mit dem Herrn erleben wollen. Wir sind Jesu Nachfolger. Wir wurden beschenkt
mit einem neuen, wachen Geist, der nach den übernatürlichen Wirkungen Gottes trachtet. Auch Sie können
zu dieser neuen Generation gehören.

Gottes Herrlichkeit in unserer Mitte

> *Und ich habe die Herrlichkeit, die du mir gege-*
> *ben hast, ihnen gegeben, auf dass sie eins seien,*
> *gleichwie wir eins sind.*
>
> *Johannes 17,22*

Ich habe bereits darüber gesprochen, dass der Vater eng
mit uns verbunden sein möchte; dass Jesus in uns lebt;
dass wir eine partnerschaftliche Beziehung zum Heiligen Geist haben können.

Darüber hinaus brauchen wir die Gemeinschaft mit
anderen Christen, die von der gleichen Sehnsucht nach
Gott erfüllt sind. Wenn wir Gott gemeinsam anbeten
und unseren Hunger nach ihm teilen, erleben wir beson-
dere Durchbrüche. Als 120 Jünger in Einheit beteten,
kam die Herrlichkeit Gottes (vgl. Apostelgeschich-
te 1,15; 2,1-4).

Unser größtes Ziel besteht darin, dass sich Gott selbst
mit seiner Herrlichkeit in unserer Mitte niederlässt. Wir
wollen in erster Linie nicht Zeichen und Wunder und

Heilungen sehen. Wir wollen, dass Gottes Herrlichkeit unter uns wohnt. Ein Stück Himmel auf Erden. Gottes Herrlichkeit verändert alles.

> *Und das Wort wurde Fleisch und wohnte unter uns; und wir sahen seine Herrlichkeit, eine Herrlichkeit als des Eingeborenen vom Vater, voller Gnade und Wahrheit.*
>
> *Johannes 1,14*

> *So seid ihr nun nicht mehr Fremdlinge ohne Bürgerrecht und Gäste, sondern Mitbürger der Heiligen und Gottes Hausgenossen, auferbaut auf der Grundlage der Apostel und Propheten, während Jesus Christus selbst der Eckstein ist, in dem der ganze Bau, zusammengefügt, wächst zu einem heiligen Tempel im Herrn, in dem auch ihr mit erbaut werdet zu einer Wohnung Gottes im Geist.*
>
> *Epheser 2,19-22*

Wenn Gottes Herrlichkeit unter uns wohnt, haben wir einen offenen Himmel über uns. Dann ist es leicht, Gottes Wirken in unserer Mitte zu erleben. Je mehr Menschen in einem Raum in Einheit übereinstimmen, umso größer ist die Kraft Gottes unter ihnen wirksam.

Eine Perspektive

So könnten Sie beginnen: Nehmen Sie sich Zeit und entwickeln Sie mit Gott Pläne. Dann suchen Sie sich Gleichgesinnte und beginnen einen Gebetskreis. Treten

Sie für Ihre Stadt oder Region und ihre Nöte vor Gott ein:

> *Und ich suchte unter ihnen einen Mann, der die Mauer zumauern und vor mir in den Riss treten könnte für das Land, damit ich es nicht zugrunde richte.*
>
> *Hesekiel 22,30*

Am Anfang stehen Gemeinschaft und Beziehungen. Öffnen Sie Ihr Haus, bieten Sie gutes Essen an und auch Antworten auf Lebensfragen. Laden Sie gläubige Christen und Beter ein, die Gott Ihnen zeigt. Beten Sie für die Kranken, erbitten Sie Engelshilfe, planen Sie gemeinsam, helfen Sie den Armen. Fördern und ehren Sie Jugendliche, die sich als Versager sehen und eine „Null-Bock-Mentalität" ausstrahlen. Geben Sie Raum für neue Formen der Anbetung, schauen Sie gemeinsam herausfordernde DVDs von Erweckungsgottesdiensten an und erwarten Sie das Reden und Wirken des Heiligen Geistes. Dann beten Sie in großer Glaubensgewissheit für die Anliegen, die Gott Ihnen zeigt.

Das ist eine von vielen Möglichkeiten, wie Sie das Reich Gottes hier auf dieser Erde mitbauen und miterleben können. Ich wollte Ihnen damit vor allem eine Perspektive geben. Ich wollte Ihnen zeigen, was sich mit dem wunderbaren, erfüllten Leben von Gott anfangen lässt. Es ist sicher kein Leben für Langweiler. Es ist ein Abenteuer. Es geht weit über Sie selbst und Ihre persönlichen Bedürfnisse hinaus. Und gerade deswegen repräsentiert es unseren mächtigen Gott besonders eindrucksvoll.

Wollen Sie dieses Leben? Dann greifen Sie zu.